Yamada Mitsuru
山田 充 編著

かもがわ出版

はじめに

全国で通級指導教室が、たくさんつくられる時代になりつつあり、全校設置をめざす自治体も出てきています。私が、通級指導教室を初めて担当した約30年前の状況から考えると驚くばかりです。通級指導教室が多くつくられるようになった背景には、通級指導教室での指導で子どもが大きく変容することが広く知れ渡ってきたからです。子どもの変容が目に見える通級指導教室では、子ども自身が「通級に入りたい」といってきたり、保護者から「通級指導を受けたい」という希望が各地で殺到する状況が見られるようになってきました。一方で、通級指導教室にせっかく通っているのに、子どもが嫌がっているという話も聞かれるようになってきました。どこに違いがあるのでしょうか。それは子ども自身が「わかる！」「できた！」など苦手な教科が少しずつ理解できるように変わったことを自覚したり、あるいは保護者も子どもが教室に行くことを楽しみにしたり、自信をもって新しいことに挑戦し始めたり、生活場面でも変化があることに気づけるなど、子どもの変容に気づくことができるかの差であると思います。

本書では、子どもが変容する通級指導の実践を私が長年勤めた大阪府堺市の通級指導を例に紹介したいと思います。今回、堺市の通級指導の先生方に実践を書いていただきました。本書が他の事例集と異なるところは、それぞれの成功事例に対して、第三者である私が、「この事例で成果を上げることができたポイントはどこにあるか」を解説しているところです。解説を参考にしながら通級指導で大切にするポイントに気づいていただければ幸いです。

事例でのＷＩＳＣ－Ⅳなどのデータは、指導にあたって検査ができたところは載せていますが、事情で検査がとれなかった場合や検査の必要がないと担当者が判断した場合は、検査結果がありません。個々の指導に至る流れの中での情報提供です。また、事例の書き方が多様になっているのは、書かれた担当の先生方の子どもをみる視点や思いを尊重しています。ご了承ください。

山田　充

２０２４年４月

もくじ

1章

通級指導教室でおさえておきたいこと

1 通級指導教室での指導のメカニズム

通級指導教室の指導メカニズムを図表1で紹介します。通級指導は、特別支援教育の一部を構成していますが、特別支援学級の子どもたちは、特別支援学級在籍ですが、通級指導教室の子どもたちは通常の学級在籍です。何が違うかというと、特別支援学級在籍の子どもたちの指導責任は、特別支援学級担任にあり、全体を通して学習指導や生徒指導などを特別支援学級でおこないます。このように対応をするために、特別支援学級では、自立活動をおこない、子どもたちのもつ特性等への支援をおこなっていきます。これに対して通級指導教室は、通常の学級在籍であるため、学習指導や生徒指導などは、基本的に通常の学級で他の子どもたちと一緒に受けます。通常の学級在籍なので、これは当然です。では、通級指導教室では、何をおこなうのか？　通級指導教室は、自立活動をおこないます。通級指導教室に通う子どもたちは、こ

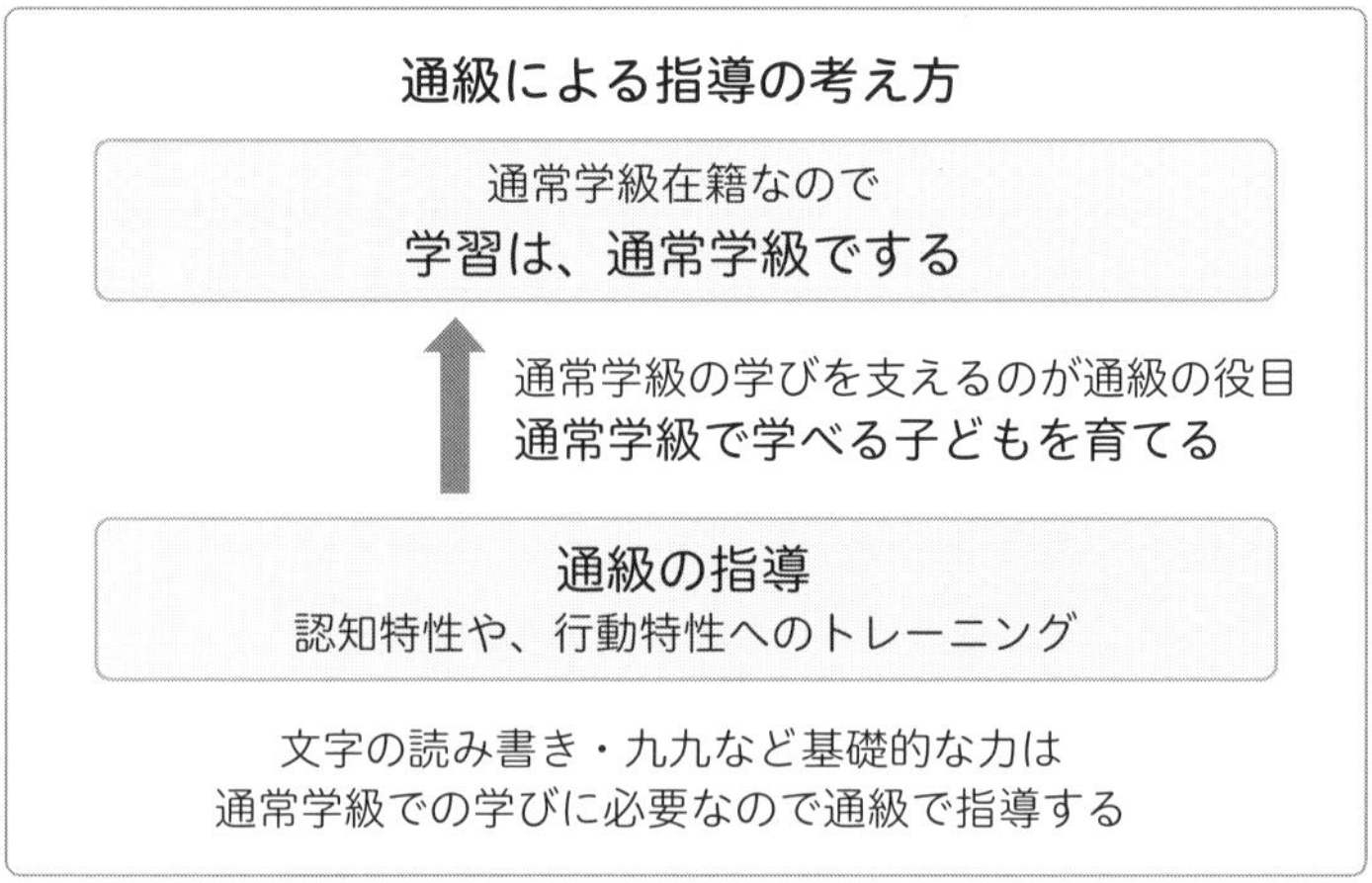

通級による指導の考え方

通常学級在籍なので
学習は、通常学級でする

通常学級の学びを支えるのが通級の役目
通常学級で学べる子どもを育てる

通級の指導
認知特性や、行動特性へのトレーニング

文字の読み書き・九九など基礎的な力は
通常学級での学びに必要なので通級で指導する

図表１）通級指導教室の指導メカニズム

こに至るまでに学習や生活上のこと、コミュニケーションなどに、困難をもっており、通常の学級の指導だけでは、そのことが解決しないために通級指導教室に入ってきます。週に数回程度、通級指導教室で、困難の要因に対する自立活動を主たるメニューとして指導するのです。言い方を変えると「通常の学級で、学んだり生活できるように通級指導教室で、特性への指導をおこなう」ということになります。そのため、通級指導教室では、通常の学級担任（中学校では学年団の先生）と密接な連携が必要になります。

2　通級指導対象の子どもたちとは

通級指導対象になる子どもたちと特別支援学級の子どもたちとの違いはどこにあるのか、みてみましょう。

❶知的な遅れがないこと

通級指導教室に通う子どもたちは、原則として、知的な遅れがないことが条件になります。日本では、知的な遅れのある子どもたちは、特別支援学級に在籍し、ていねいな指導を受けることになっています。通級指導教室は、先ほど述べたように通常の学級在籍であり、通常の学級でみんなと共に学んだり生活することが目標です。知的な遅れがあるのか、ないのかについては、ＷＩＳＣ－Ⅳ（最新はＷＩＳＣ－Ｖ）などの心理検査などを参考にして判断しますが、それ以外にも現場の先生の観察からの判断、医師の診断なども参考にします。ＷＩＳＣ－Ⅳ等の検査結果だけを頼りにすると、受検時の心理状態や、本人の発達の特性との関係で低くでることがよくあるため、トータルで判断が必要です。

❷ 自立活動などによる支援の時間的な量

診断の有無は、通級指導教室に通う条件にはなりません。まれに「診断がないと通級指導教室に通えない」としているところがありますが、これは違います。また診断のある子どもが特別支援学級で、診断のない子どもが通級指導教室というところもありますが、これも違います。私が現場にいた頃は、支援の時間的な量で保護者に説明をしていました。後ほど述べるアセスメントによって、支援の場所や内容を判断しますが、その際に次のように伝えていました。当時勤めていた学校では、通級指導は週2時間でした。

「アセスメントの結果、子どもさんへの自立活動の取り組みは、週2回程度で、効果が見込まれるので通級指導教室がよいと思います」

「子どもさんへの自立活動などの取り組みは、毎日関わってあげたほうがよいと思うので特別支援学級がよいと思います」

このように、アセスメントに基づいて根拠を示して、自立活動が必要な時間を週2時間程度か、それ以上毎日の自立活動が必要かを説明すると保護者は納得してくれていました。

❸ 虐待などのケースでないこと

虐待などのケースが絡む場合は、緊急避難や、児童相談所との連携がとても重要になります。通級指導教室で抱えてしまって、必要な支援ができなくなることが重大なので、福祉などとの連携も含めて校内委員会できちんと判断することが必要です。虐待のある場合は、その判断も含めて安易に通級指導教室での対応にしないことが必要になってきます。

文部科学省初等中等教育局が令和4年12月13日に「通常の学級に在籍する特別な教育的支援を必要とする児童生徒に関する調査結果（令和4年）について」を発表しました。

この中で、通常の学級に在籍する子どもたちのうち、8・8％の子どもたちが特別な教育的支援を必要とすると発表されました。小中別に見ると小学校は、10・6％、中学校は5・4％という数字でした。この調査は、特別支援学級在籍の子どもを含んでいないので、言い換えると通常の学級にいる8・8％の子どもたちが、通級指導教室の対象だということです。もちろん8・8％の子どもたち全員が対象ではなく、通常の学級担任の先生が授業の工夫などで彼らに対応できるならば、通級指導する必要はないですが、そうでなければ、彼らは通常の学級に在籍し、週2時間程度の通級による指導を受けます。

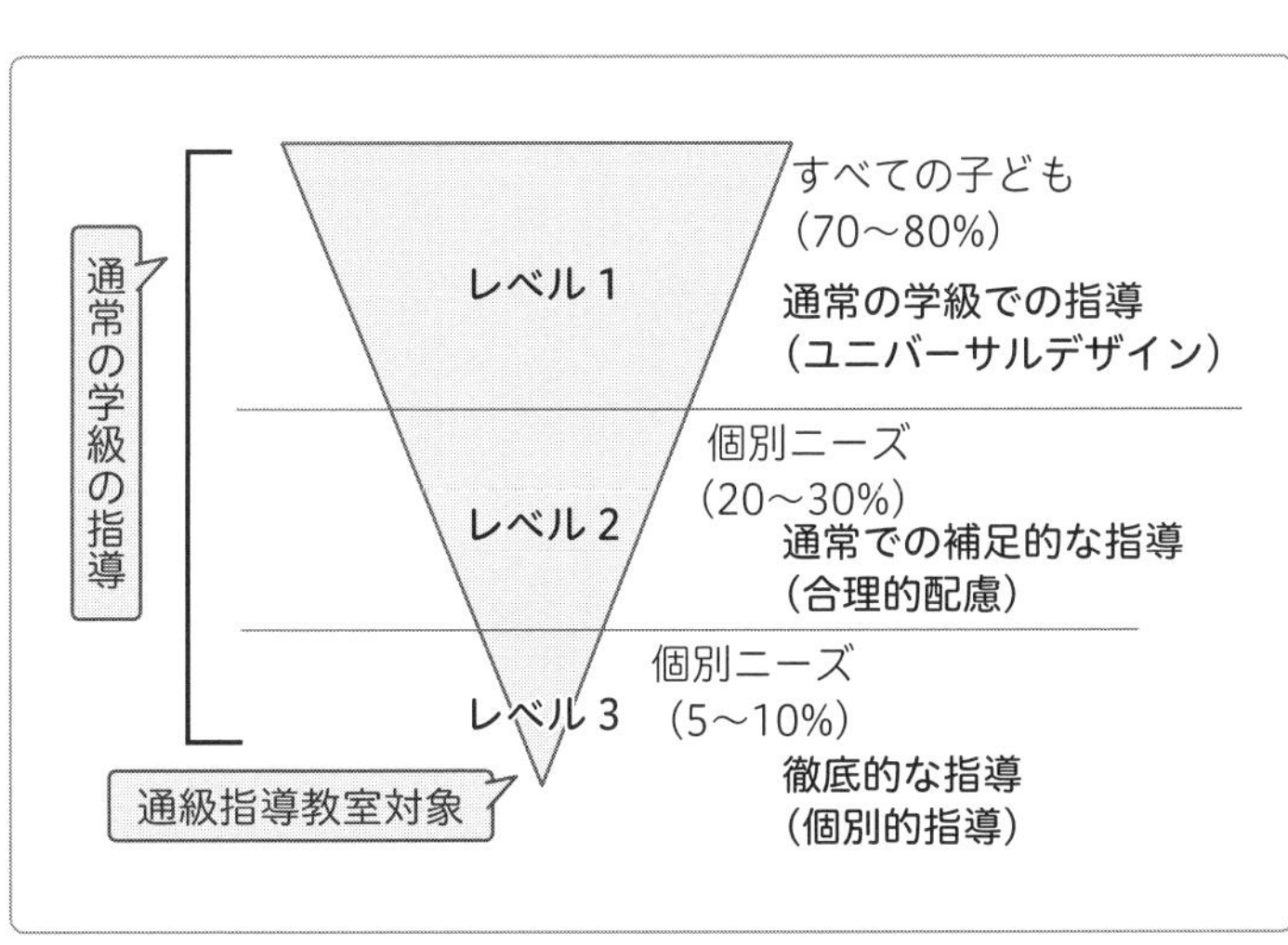

図表2）RTI（指導に対する子どもの反応）モデルの考え方

アメリカの発達障害のある子どもの学習支援の考え方にＲＴＩ（Response To Intervention）モデルがあります（図表2）。この大きな三角形は通常の学級の子どもたち全員が対象となります。レベル１の子どもたちは、ユニバーサルデザインの考え方を使った授業の工夫で理解することができます。レベル２の子どもたちは、授業の中で、その子どもが必要とする合理的配慮があれば、授業の内容を理解することができます。レベル３の子どもたちは、少し個別対応をすることで、通常の学級で授業を受ける前提ができます。このレベル３の子どもたちが、まさしく通級指導の対象となり、通常・通級の両方で指導します。

3 アセスメントの流れと重要性

通級指導に限らず特別支援教育では、アセスメントがとても大切です。アセスメントのない指導は、行き当たりばったりになったり、子どもで「どの指導が、効果があるのか」を試すことになってしまいます。結果、子どもに不要な失敗経験を与えることになり指導そのものが成立しない状況になることもあります。

例えば、漢字が覚えられない子どもの場合、書いても覚えられないのに、とにかくたくさん書かせて覚えられない経験の上積みをさせ、ますます意欲低下を起こさせて漢字の指導が入らなくなってしまうような例は全国に山のようにあります。漢字を書いても覚えられない子どもは、なぜ書いても覚えられないのかをしっかり考える、つまりアセスメントが必要なのです。例えば、漢字を書いても覚えられない要因は、いくつか存在します。

①視力は悪くないのに、形を捉える力が弱い。
②斜視などがあったり、眼球運動がうまくできないなど視機能の弱さがある。
③不器用があり、特に鉛筆先のコントロールがうまくできず、形を正確に表現できない。
④音の聞き取りや弁別が弱く、読み方を正確に判断することが難しい。
⑤注意がすぐにそれてしまい、書いていても、他のことを考えるので覚えられない。
⑥こだわりがあり、まちがいを受け入れることができず、何度も同じ誤りを繰り返す。

などがあります。これらの要因への選択肢を知っていれば、対象となる子どもが漢字を覚えられない要因がどれに当てはまるかという観点で、調べていくことがアセスメントにつながります。

さまざまな子どもたちの学習や、生活上の困り感の背景には、たくさんの認知や行動の特性が関連しています。子どもたちのもつ特性や能力にどのようなものがあるかをしっかり把握していれば、どの特性と困り感が関連するのかが考えやすくなります。アセスメントをする上で特性の知識は必要です。次のような書籍などを参考にするとよいでしょう。『発達障害辞典』（日本ＬＤ学会編　丸善出版）、『ＬＤ・ＡＤＨＤ等関連用語集【第４版】』（日本ＬＤ学会編　日本文化科学社）などです。

4 WISC－Ⅳについて

ここでアセスメントにも必要な情報として使われる検査WISC－Ⅳについて、少し触れたいと思います。これから事例をみていくにあたり基本的なところのみおさえています。

WISC－Ⅳ知能検査はウェクスラー式知能検査で、全体的な知的能力や記憶・処理能力をはかるテストとして世界各国で使用されています。全体的な知的能力と指標得点という指標が示されます。主な指標をはかる能力は図表3の通りです。各指標得点の数値は合成得点として表され、その分類は図表4のようになっています。

5 アセスメントからの指導すべき課題の選定

アセスメントから、通級指導教室対象の子どもたちの困難要因を推定します。この時、一つの要因を見つけるのではなく、みられる特徴は、すべてリストアップします。

例えば、次のような場合で考えてみましょう。

●事例……小学4年生・男子

漢字が覚えられず、授業中もよそ見をしたり落ち着かない。まじめにはがんばるが、根気が続かず、よく

指標得点	測定する主な能力
言語理解 （VCI）	指標言語概念形成 言語による推理力・思考力 言語による習得知識
知覚推理指標 （PRI）	非言語による推理力・思考力 空間認知 視覚ー運動協応
ワーキングメモリー指標 （WMI）	聴覚的ワーキングメモリー 注意・集中
処理速度指標 （PSI）	視覚刺激を速く正確に処理する力 注意・動機づけ 視覚的短期記憶 筆記技能視覚ー運動協応

図表３）指標得点が測定する主な能力

出典：『特別支援教育の理論と実践第3版　1ー概論とアセスメント』（p.101表B-2-2から抜粋）金剛出版

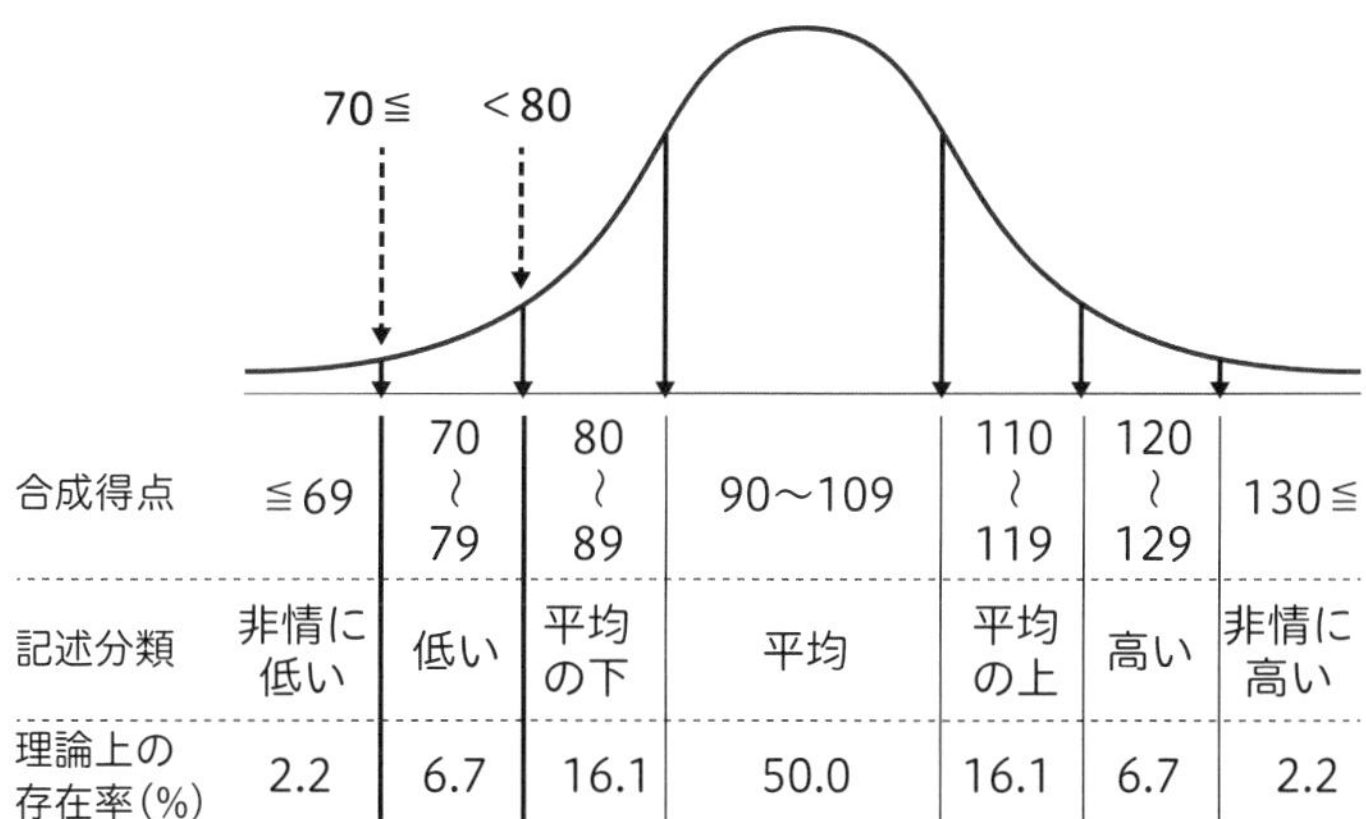

図表４）合成得点の記述分類

出典：『特別支援教育の理論と実践第3版　1ー概論とアセスメント』（p.105図B-2-2から引用）金剛出版

注意されている。

〔アセスメントの結果、想定される特徴〕
・集中力が弱い。
・順序立てて考えることが難しく、衝動的に反応することが多い。
・細かい所が捉えにくい。
・眼球の動きがスムーズでなく、見まちがえることも多い。

ということがわかりました。この4つ見つかった特徴に、改善のための支援をすべて考えていくことが大切です。子どもの困難は、特徴が複合して絡まっていることがほとんどなので、複数みつかっても関連を考えずに、一つの課題だけを支援したり、指導順位を決めたりすると、うまくいかない状況になってしまいます。

ここで一つ注目すべきことは、「順序立てて考えることが難しく、衝動的に反応することが多い」という困難です。この子がこの特性をもっていることに気がつかれることは、あるかと思いますが、この特性が改善の対象と考えることは少ないのではないでしょうか。このことによって、学習の困難や行動上のトラブルがあるならば、それは、支援すべき課題であると認識していただきたいと思います。

6 指導メニューの組み立て

前段のアセスメントに基づいた支援すべき課題を実際の通級指導のメニューとして組み立てていくことが大事です。私なら、どのように課題を設定するかを次に紹介したいと思います。

〔45分間の通級指導のメニュー〕

- **体幹トレーニング**　集中を維持するための体幹を鍛える。
- **まちがい探し**　しっかり細かい所を見ることができるように、指導の際、「探し方」を意識させ、作戦を立てて学習する習慣をつける。
- **眼球運動トレーニング**　目をスムーズに動かせるようにする。
- **論理脳ドリル**　順序立てて考える。
- **点つなぎプリント**　細かい所の形を把握する。
- **お話サイコロ**　順序立てた会話、コミュニケーションを課題とする。
- **漢字の覚え方を考える**　漢字の覚え方を一緒に考えて、覚えるための方略を身に付ける。
- **なぞなぞの問題の出し合い**　論理的に答えを導き出したり、論理的な方法で問題をつくったりする。

こんなにたくさんの課題をするのかと思われるかもしれませんが、これぐらいの分量を一つひとつ、テンポよく進めていくことで、子どもたち自身が課題をやり切ったという達成感をもてるようにメニューを立てていきます。通級指導では、特性の改善を通して、ぼくも私も「やったらできる」という気持ちがもてるようにしていくことがとても大切です。

先ほど述べた子どもの4つの課題と指導のメニューとの関連は次のようになります。課題の改善のために複数のメニューに関連していることに注目してもらうことが大切です。

課題	指導メニュー
集中力が弱い	・すべての課題を集中の課題として取り組む。体幹トレーニングも該当する。
順序立てて考えることが難しく、衝動的に反応することが多い	・直接的には、論理脳トレーニングがこれに関わるが、お話サイコロも順序を意識して話すように促すことで、この特性に対する課題となり、なぞなぞの問題を出し合うこともこの部分のトレーニングとなる。
細かい所が捉えにくい	・まちがい探し、点つなぎプリントが該当する課題となる。
眼球の動きがスムーズでなく、見まちがえることも多い	・眼球運動活動が該当する課題となる。
漢字が覚えにくいことに関して、上記のトレーニングに取り組みながら漢字の覚え方を一緒に考える取り組みから始めるようにメニューに組み込む。	

7 支援計画、指導計画への反映

ここまで、おこなってきたアセスメント情報、課題の設定、通級での指導メニューを、個別の教育支援計画や個別の指導計画に反映させていきます。

アセスメント情報や見つかった特性は、子どものもつ特性や困難の要因として、個別の教育支援計画に記述していきます。子どもの特性は、引き継ぐべき情報なので、しっかり記述してください。また指導によって、改善したら、改善したという情報を教育支援計画で引き継ぐ必要があります。

個別の指導計画には、指導のメニューの内容を転記します。個別の指導計画では、長期目標（1年間で達成をめざす）と短期目標（学期ごとに達成をめざす）、具体的な手立てを記述することになります。具体的な手立てのところに、通級での指導のメニューを記述し、この時、通級指導教室に通う子どもたちは、通常の学級在籍でもあるので、個別の指導計画では、通級での目標設定や手立てだけでなく、通常の学級での目標や手立ても関連付けて記述することが大切です。資料1で個別の指導計画の例を示します。

個別の指導計画（例）

指導目標と配慮事項　氏名　事例児童　（男・女）　〇〇小学校　4年　組

作成日：　年　月　日　作成者

学習	長期目標 ①集中力をつける。 ②論理的に考えられるようになる。 ③衝動性を抑制できるようになる。 ④細かいところを見る力をつける。 ⑤眼球がスムーズに動くようになる。 ⑥漢字の覚え方を考えて、当該学年の漢字を覚えてかけるようになる。		
	短期目標（通常の学級）	短期目標（家庭）	短期目標（通級）
	①短時間の集中力をつける。 ②順序立てて考えられるようになる。 ③考えてから取り組む力を身につける。 ④細かいところを見る力をつける。 ⑤スムーズよく追視ができる。 ⑥漢字の覚え方を考える習慣をつける。	①短時間の集中力をつける。 ②順序立てて考えられるようになる。 ③考えてから取り組む力を身につける。 ④細かいところを見る力をつける。 ⑤スムーズよく追視ができる。 ⑥漢字の覚え方を考える習慣をつける。	①短時間の集中力をつける。 ②順序立てて考えられるようになる。 ③考えてから取り組む力を身につける。 ④細かいところを見る力をつける。 ⑤スムーズよく追視ができる。 ⑥漢字の覚え方を考える習慣をつける。
	通常の学級での指導の手立て	家庭での指導の手立て	通級での指導の手立て
	①短時間の集中を促し、出来ていることをほめる。 ②思考の順番を意識した板書や発問を心掛ける。 ③授業の中で、理由を考えて話すように全体でも本児へも促す。 ④見にくい課題などについて、拡大した用紙を用意したり、電子黒板等で、拡大してみせる工夫をする。 ⑤板書等では、あちこちに飛ばないように意識し、注目ポイントがわかるようにカラーマグネットを使用する。 ⑥通級で考えてきた、漢字の覚え方をみんなに紹介する機会を持ち、本児が考えていなかった漢字については、クラスでもいくつかを一緒に考える。	①宿題等で、短時間で集中するように促す。 集中している時に「集中している」と声をかけるようにする。 ②日常の会話で話す順番を意識するように促す。 ③様々な取り組み一緒に考える習慣をつける。 ④家庭でも「間違い探し」に一緒に取り組む。 ⑤家庭でも追視トレーニングを毎日５分程度行う。 ⑥どんな漢字の覚え方を考えたのかを話題にする。	①　バランスボールに一定時間乗れるようになる。 １つ１つの課題に短時間集中して取り組む。 ②　お話サイコロで順番を意識して話す。 子どものための論理思考ドリルに取り組む。 ③　全ての課題でいきなり取り組むのではなく、全体を見て、どうすれば間違いなく出来るかを考えてから取り組む。 ④　間違い探しで素早く間違いを見つける。 点つなぎプリントでパーツに注目して写せるようになる。 ⑤　スムーズに追視ができるようになる。 ⑥　先生と一緒に毎時間、次にならう漢字一文字について、覚え方の工夫を話し合う。

資料1）事例の個別の指導計画

2章

事例からみる
具体的支援

事例 1

見通しをもつことで子どもの自信に！

小学2年生・男子

1 通級を必要と判断された状況

1年生の頃より在籍している通常の学級（以下、学級）では、席に座って話を聞くことやノートを書いたりすることができなかった。座席を離れ立ち歩き、国語の授業中に工作をしたり、教室をとび出してしまうこと、掃除や給食当番も声をかけないと取り組むことができず、何もせずに終わってしまうこともあった。運動会の練習は、参加を嫌がり校舎の中で隠れてしまい手の空いている職員で学校中を探し回ることもあったが、図画工作や生活などの学習は教室にいることが多く、特に図工の工作は自分から取り組んでいた。おもしろいものをつくりクラスのみんなを驚かせることも多かった。

家庭では、家庭学習や生活体験を熱心に見てくれたため、本児が学習で大きく困ることは少なくテストも平均をとっていた。特に計算問題や漢字学習では、家で何度も繰り返し取り組んでいた。しかし、放課後は友達と遊ぶことなく、学校の話を聞いても「わからん」「忘れた」としか言わなかった。仲のいい子の名前を尋ねても「覚えてへん」と答えるだけであった。

家庭での様子と学校での様子に乖離（かいり）があり、1年生の間は学校での通級指導につなげる話し合いには、いたらなかった。

2年生に学年が上がっても友人関係は変わらず、休み時間は一人でいることが多く、授業が始まっても前の学習の教科書やノートが机の上にでたままであった。この頃になって保護者も学校での様子が気になり、支援に向けての話し合いが始まった。

❷ アセスメント情報

学校での様子を観察していると、見通しのもちにくい活動や学習の時に立ち歩きやとび出しがあった。計算問題はできるが、時間がかからない課題でもゆっくり慎重に進める様子が見られた。漢字は形のバランスをとることが難しく視覚的な認知の弱さがあるのではないかと考えられる。まちがえた字を覚えてしまうことも多く、確認が難しい様子が見られた。また、ポケットに手を入れて歩く姿をよく見かけ、椅子に座る時も姿勢が崩れやすく、字を書く時は前のめりになる等、体幹にも課題があるのではと想定された。

家庭の様子は、聞き返しが多く、一度に多くを伝えると理解できないことがあった。前日に学校で伝えた学習も次の日には忘れてしまうことがあったが、家で練習することはできており、できたことは進んで取り組んでいた。

ＷＩＳＣ－Ⅳを実施したところ知的な遅れはなかったが、知覚推理指標の下位検査である「積木模様」とワーキングメモリー指標の下位検査である「語音整列」に有意な低さが見られた。このことの共通点として見通しをもって方法を考えて取り組むことの弱さがあり、見通しをもちにくい特徴があると考えられる。

ＷＩＳＣ－Ⅳ検査時の様子から、最初は、不安そうな表情をみせることが多かったが、検査を進めるうちに表情も和らぎ、言葉数が増える様子が見られた。

❸ 判断と具体的支援

■ 判断

まず第一に、いろいろな場面で不安が強い様子が見られた。

継次処理の弱さが考えられ、手順を踏むことが苦手なため、漢字や計算では時間がかかる。そのこともあわせて、見通しがもてないことや初めてのこと、いつもと違うことに不安を感じやすい様子がすべてつながっていると考えられる。

また、空間認知能力の低さから、漢字のバランスが取れなかったり、ノートを書く時に文字の位置関係がずれたり、大きかったり小さかったりする様子が見られた。

さらに、検査の結果から聴覚によるワーキングメモリーの弱さがあり、音の聞き取りなど聴覚的な認知能力にも困難があるため、聞き返しが増え学級の一斉指導でも話が聞けないことがあると考えられた。

普段の様子から姿勢を保つことが難しいのは、体幹の弱さが関係しているため、学習中に姿勢が崩れ45分間椅子に座っていることの困難さにつながると考えられた。

■ 具体的な支援

通級指導教室では、主に5点のトレーニングをおこなった。

①空間認知のトレーニング
点つなぎやジオボードに取り組み、形をとらえることができるようにトレーニング。
②聴覚認知のトレーニング
聞きとりワークや友達同士で3ヒントクイズ、お話サイコロで最後に質問をするなど。
③グループ指導
他者との関わり方などの指導として、ソーシャルスキルトレーニング（SST）の要素も取り入れた。
④体幹のトレーニング
バランスボードに乗りながら姿勢を保ったまま聞きとりのトレーニングの3ヒントクイズの課題をするなど。
⑤バランスボードに乗りながらであったが、多層指導モデルM－M（学研）に取り組み、読みの指導にも取り組んでできるという経験を積むように取り組んだ。

通常の学級でもアセスメントの結果に基づいて、次のような支援や配慮を実施した。

学習や行動について、1時間や1日の流れに見通しをもてるように視覚的にスケジュールを示したり、取り組みの結果や目標についても例示し授業に挿絵や写真を取り入れることで視覚的に理解できるように支援を実施した。

ノート指導では、最初、黒板に「一マス空ける」「色を変える」が明確にわかるようにカラー磁石や提示するカードを用いたり、ノートの書き方のモデルを用意してそれを見て写すことができるように支援をおこなった。

❹ 指導後の子どもの様子

通級指導教室に通うようになり、課題への取り組みの中で、苦手なことが「できた！」という経験をたくさん積むことができ、本児の自信の獲得につながった。通級指導教室では、同じ学年の児童と一緒にグループで学習することにしたため、一緒に学ぶ子どもたちとのコミュニケーションを通して相手の話をしっかり聞く機会をたくさんもつことができた。そのことが経験や自信につながり、学級の友達とも積極的に関われるようになった。

特に変化がみられたのは、学習時間である。学級での見通しをもてるようにする支援もあり、授業中の活動への参加が増えた。最初はノートのモデルをつくってもらい写すことから進めていたが、次第に「なくても書ける！」と自分から担任に伝え、自分で直接板書を見てノートを書くことができるようになった。発表も自分から1日に1～2回ほど挙手するようになり、授業中の表情がいきいきとしたものに変化してきた。保護者から、「家庭で、学校の話をするようになった！」と連絡があり、喜んでおられる様子を知らせていただけるようになってきた。

まだ自分から見通しをもつことは難しいが、「できる」経験を増やすことを通じて自ら見通しを立てて学習や行動ができるようになることが、これからの課題であり、保護者、担任ともこれからのことをめざしていきたい。

山田充のポイント解説

立ち歩きや飛び出し、みんなと同じ行動がとれなくて、担任が困っているという事例で、実は全国各地にあり、それぞれ苦労されています。こういった事例にきちんとアセスメントを実施、数値にはあらわれないけれども、検査の様子や日常の行動を分析することによって、支援方針を立案しています。あれやこれやではなくしっかりとアセスメントして要因に対応する支援計画を立てることが重要です。

この事例で、大切なポイントは、表面的な問題行動だけにとらわれるのではなく、行動や検査結果から「不安」が強い子どもであるということを見つけている点です。不安が強いために、できなさそうなことはしない、といった問題行動に発展しているケースがあり、今回は、そういった事例に該当します。そのことが、「見通し」とも関わっています。見通しがないことから不安になる側面と、見通しがもてないので、何をしてよいかわからず勝手なことをしているという両面があると考えられます。とてもわかりにくいパターンを見事に分析しきって具体的な対応をされているのがすばらしいと思います。さらにそれが通級だけでなく、通常の学級ともきちんと連携し同じ関わり方を同じ視点でできているので、子どもの変容という成果につながることができています。

今回の中心の課題である不安への対応の基本は、「できた」です。できることは不安になりません。見通しをもたせる、ルールを守らせる、できることから取り組ませる、などで成功体験をつくり、結果、不安感の解消を果たすことができているのです。不安感から不適切行動になっている子どもたちは、「できる」経験を見通しのもとにしっかり身に付けることができると、授業中の態度なども含めて積極的に変化、成長することがよくあり、この事例も該当するでしょう。

事例 2

九九の学習
～本人の特別な興味（電車）を活かした教材～

小学２年生・男子

1 通級が必要と判断された状況

行動面の問題（興味関心の偏り、行動の自立化・組織化の困難、単調な話し方、共同注視の苦手さ）、書字の苦手さを保護者からの主訴として1年生の時から通級に通っていました。

2 アセスメント情報

行動面の問題（興味関心の偏り、行動の組織化の困難、単調な話し方、共同注視の苦手さ）、書字の苦手さ（不器用、粗大運動も微細運動も苦手）より、ＡＳＤ（自閉スペクトラム症）の疑いと判断（診断なし）しました。

電車が大好きで、関西の私鉄・ＪＲの各駅をすべて覚えたり、動画も好きで、聞いて覚えたフレーズをよく口ずさんでいます。

書字は苦手ですばやく整った字を書けないものの、学年相応の文章（教科書）の音読や読解は問題なくおこなうため、知的な遅れはないと判断（検査等は未実施）しました。

❸ 判断と具体的支援

2年生時に保護者より「学校で九九の学習が始まったけれど、まったく関心をもたないので困っている。練習も非常に嫌がる」との相談を受け、学習方法の検討を始めました。

(1) 動画等の活用

〈提案〉動画を見るのが好きなので、アップロードされている「九九動画」などを検索して活用してはどうかと提案。

〈結果〉まったく関心を示さなかったようで、違う方法を検討することにしました。

(2) 大好きな電車を使った九九ワークシートの作成・練習

〈準備〉本児の大好きな「電車」に関連づけた2種類の九九シートを作成しました。

1つ目、練習用シート（資料1）。

九九と電車のイラスト、そして九九の量的なイメージができるように、「駅ごとに○人ずつ乗車する」イラストを添えた。「3の段は南海線」「9の段はラピート」のように、段ごとに電車の種類を変えました。

2つ目、達成記録用のシート。

唱えられたところまでシールを貼るカードを作成し、これには電車のイラストと具体的な駅名を添えました。

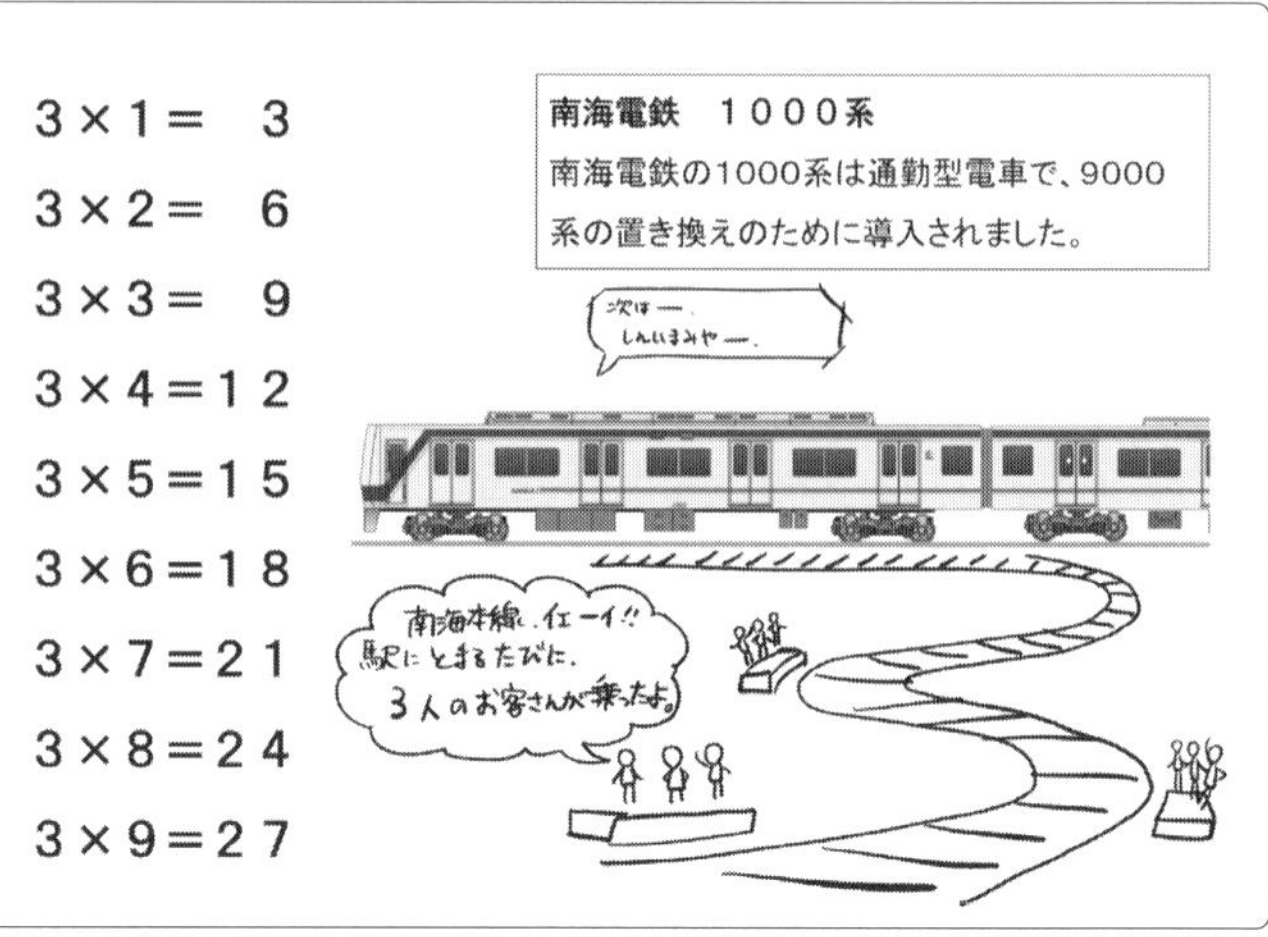

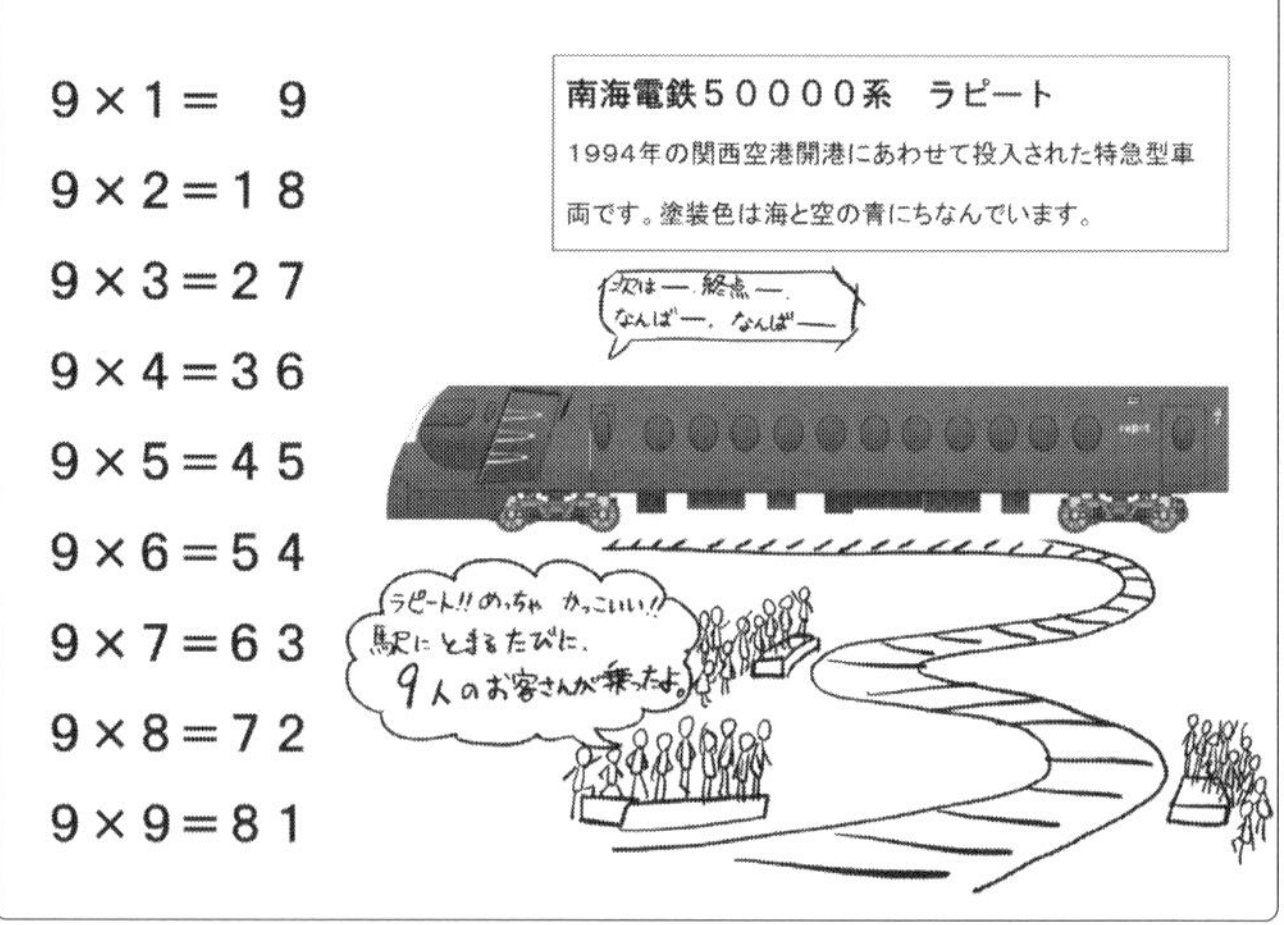

資料1）練習用シート

■通級での指導（初回提示時）

はじめに、普通の方法（九九表を見せて唱えさせる）で九九の練習をさせると、途中から顔をしかめて、とても不快そうな様子を示しました。興味がないことを繰り返すことは好きではなく、苦痛を感じている様子でした。

次に、電車の九九シートを見せました。すると、目を見開いて教師を質問攻めにしたり（「次の段は何線？」「これって○○っていう駅ですね」）、自らプリントに手を伸ばしたり、非常に興味をもった様子でした。

■通級での指導（指導の実際）

堺市の通級担当者研修等で山田充先生が提唱している九九の練習法（見ながら・言いながら・書きながら練習）を、本児の実態（書字の苦手さ）に応じてアレンジし、指導することにしました。

（1）本児に合った唱え方を検討する

まちがいやすい音（「シ」や「チ」など）を回避した、本児が覚えやすい・思い出しやすい唱え方を一緒に考え、シートに書き込みます。

（2）スラスラ言う（3回）

電車の九九シートを見ながら、3回スラスラ言います。その際、「あと○回」がわかるように、ビー玉を皿から皿に移動させて視覚化します。また、本児のモチベーションを高めるために、おもちゃのマイクを持たせました。練習しているうちに、「リズムに乗って、ラップ調で、指導者とのコール＆レスポンスの形で唱える」方法に収まってきました。

〈例〉
本児「本日の最終列車が出発しまーす」「♪さんいちが３（マイクを向ける）」
先生「さんいちが３」
本児「さんにが６」
先生「さんにが６、ＹＯ！」

（3）タブレットの九九アプリで入力（3回）

「書いて練習」は、本児は書字が苦手であるため、タブレットの九九アプリを活用し、入力して回答する方法に変更しました。九九シートを「見ながら」「言いながら」「タブレットで入力」。「あと○回」がわかるように視覚化（ビー玉）します（写真1）。

タブレットによる入力は、児童がまちがって入力すると即座にフィードバックがあり、児童はすぐに修正します。他の方法（教師による指摘や消しゴムで消して修正）でおこなう時よりも、ストレスなく誤りの指摘を受け入れ、修正する姿が見られました。教師が誤りを指摘すると「えー！」と声を上げたり悲しそうな顔をしたりしますが、タブレットの場合はそれがなく自然な感じで練習を続けることができます（写真2）。

写真１）ビー玉を皿から皿に移し視覚化

写真２）九九シートを見ながら九九アプリ

九九 到達度シート

2の段（阪堺電車）

	停車駅	
2×1＝	浜寺駅前	
2×2＝	船尾	
2×3＝	石津	
2×4＝	石津北	
2×5＝	東湊	
2×6＝	御陵前	
2×7＝	寺地町	
2×8＝	宿院	
2×9＝	大小路	

3の段（南海電鉄）

	停車駅	
3×1＝	なんば	
3×2＝	新今宮	
3×3＝	天下茶屋	
3×4＝	岸里玉出	
3×5＝	粉浜	
3×6＝	住吉大社	
3×7＝	住之江	
3×8＝	七道	
3×9＝	堺	

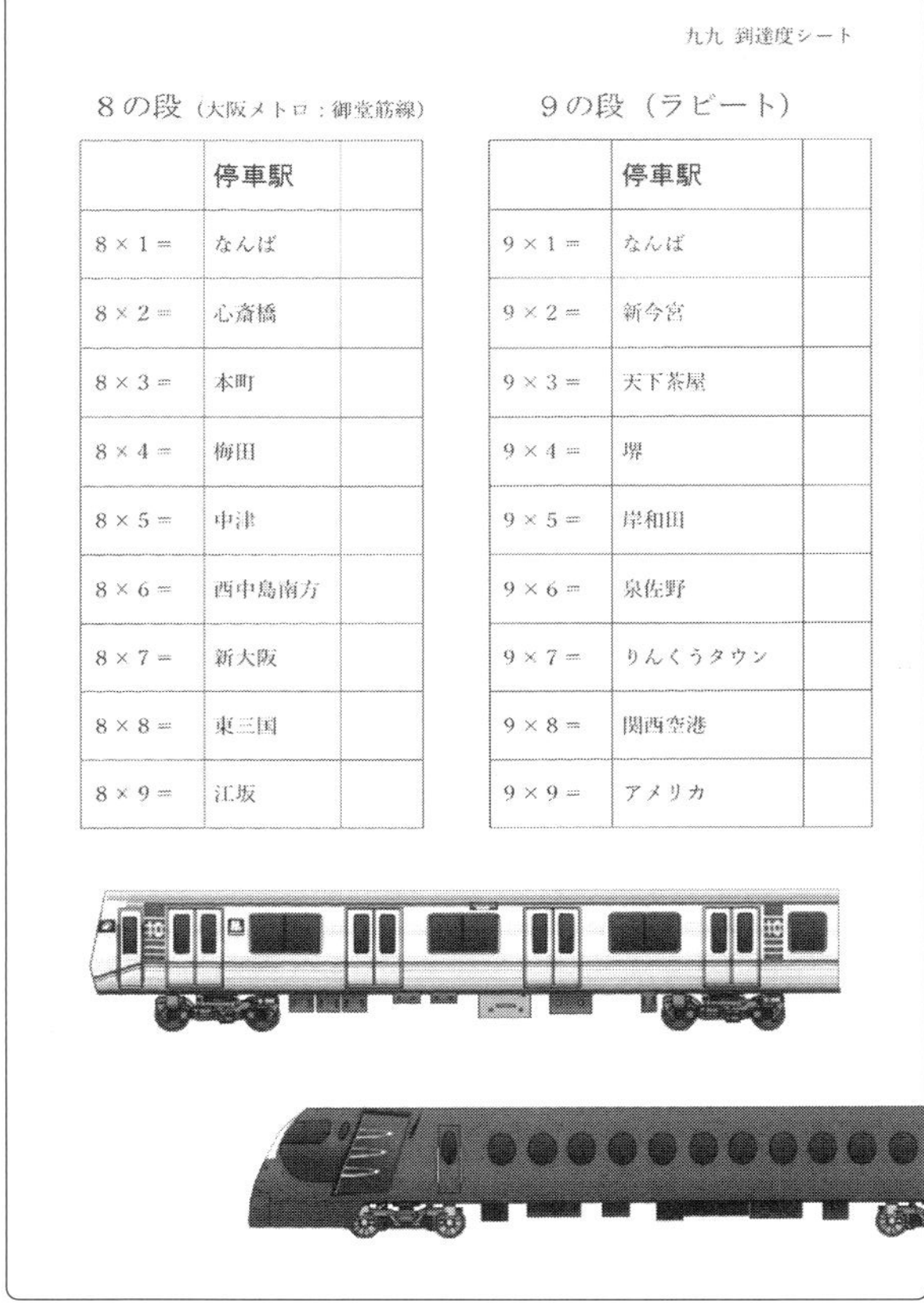

九九 到達度シート

8の段（大阪メトロ：御堂筋線）

	停車駅	
8×1＝	なんば	
8×2＝	心斎橋	
8×3＝	本町	
8×4＝	梅田	
8×5＝	中津	
8×6＝	西中島南方	
8×7＝	新大阪	
8×8＝	東三国	
8×9＝	江坂	

9の段（ラピート）

	停車駅	
9×1＝	なんば	
9×2＝	新今宮	
9×3＝	天下茶屋	
9×4＝	堺	
9×5＝	岸和田	
9×6＝	泉佐野	
9×7＝	りんくうタウン	
9×8＝	関西空港	
9×9＝	アメリカ	

資料2）記録達成用シート

（4）暗唱チェック

九九表を見ないで言えるかチェックし、言えるようになったところまで、シールを貼ります。「今日は天下茶屋まで行けたね」などと話しながら、シールを貼っていました（資料2）。

▩通常の学級との連携

同じシートを担任の先生にも渡し、練習の際に使ってもらうことにしました（本児が周囲の目を気にするため、本児が使いたい時のみ使用）。

▩家庭との連携

通級での練習の仕方を説明し、同様のタブレットを使った方法で練習を進めることになり、電車シートも「欲しい」と言うので、家庭でも使ってもらいました。

❹ 指導後の子どもの様子

九九の練習にまったく関心をもたない、練習中に顔をしかめる様子でしたが、ノリノリで喜んで、主体的・積極的に九九の練習を進めるようになりました。

その後も順調に九九の練習を続け、多くの九九を正しく唱えられるようになり、保護者から、学級担任からもほめられ、本児も嬉しそうでした。

強いこだわりから来る特別な興味に関連づけて学習できると児童のモチベーションが高まる事例の一つとして、指導者として多くの学びを得ることができました。

山田充のポイント解説

今回は、すでに通級している児童が、九九学習であらたな困難が発生したことに対応した事例になっています。

九九が苦手な子どもは、どこのクラスにもいて、担任の先生も苦労して授業されています。通級で、特性に応じた九九の覚え方を提案し、それが成果を上げています。なぜ成果につながったのかを考えていきましょう。

まず、文中で「通級担当者研修等で山田充先生が提唱している九九の練習法（見ながら・言いながら・書きながら練習）を、本児の実態（書字の苦手さ）に応じてアレンジし、指導することにしました。」と書かれていることについて少し説明をします。九九は一般的に唱えて覚えるように練習しますが、音の認識に弱さがある子どもだと、唱えて覚えるは、この音を使って練習する方法なので、成果が上がらない子どもがいます。そこで練習に視覚要素〈見て〉聴覚要素〈唱えて〉作業要素〈書いて〉という3つの要素を取り入れて練習することで、三つの要素が補完し合い覚えやすくするという考え方です。また見ながら言うので、実は、覚えていなくても練習がたくさんできます。一般的に唱えて覚えるは、覚えていない子どもは、唱える回数が少なくなり反復練習になりません。見ながら言うことで、覚えていなくてもたくさんの九九を唱えることができ、反復練習が確保されるのです。同じ段を毎日5回から10回見ながら・言いながら・書くことを一週間繰り返すことで、相当量が反復ができるので、確実にやることで覚えることができるようになります。

本事例では、このやり方にいくつかのアレンジを加えています。一つは、本児が興味をもっている鉄道に関連付けたことです。一つのパターンに列車に乗り込んだ乗客の数を九九に仕立てています。喜んで取り組んでいる様子が見られます。また書くことが苦手なことに配慮し、その部分はタブレットを活用するようにし、抵抗感が少なくなるように配慮しています。反復練習の確保は、練習量の確保を意味し、ここにストレスをかけないことは重要なことです。

子どもの特性に合わせて指導をアレンジすることは、とても重要ですが、その際、指導の大切な部分をなくさないようにすることも大事です。アレンジするあまり、本質的な部分がなくなってしまうのは本末転倒です。もう一つの大事な点は、診断はでていませんが、子どもの特徴の分析をおこない、ASD傾向だと考えている点です。私たちは医師ではないので診断はしませんが、特性をしっかりつかんで指導に生かすことはしなければなりません。

ASDの子どもたちは、その特性から、興味が偏ったり、こだわりが強かったり、状況判断ができないために、その行動が不適切であることがわからなかったりします。今回の事例の子どもも、そういった特徴が強くでています。ASD傾向のある子どもたちへの対応では、特徴に対抗して、正論で迫るのではなく、特徴を理解し、それに沿いながら特徴を生かしながら、支援方法を考えていくことが必要です。今回の事例はまさにそういう方法でおこなわれており、ASD傾向にきちんと沿った対応だということができます。

事例 3

「真ん中」がわかった！
～Aさんの笑顔とやる気が戻った～

小学３年生・女子

❶ 通級が必要とされた状況

■Aさんについて

「ストップ！　なぜ、とまらないの？」「そんな字、習った？」「なぜ、ちゃんと見ないの？」「枠の中に書きますよ！」これは、漢字を書いている時に何度も、Aさんにかけられる言葉である。Aさんに対して、決して、合理的配慮をおこなっていないわけではなく、保護者に了解を得て、大きなマスの漢字ノートを使ったり、漢字小テストも、拡大コピーをしたりする配慮をおこなっている。

また、新出漢字の学習では、どんなタイプの子どもたちにもわかりやすく学べるよう、B４サイズの手書きのプリント（写真１）を使用するなど、Aさんだけに限らず、子どもたちの実態に合わせた指導がなされている通常の学級（以下、学級）にAさんは在籍している。

城

写真１）
B4サイズのプリント

Aさんは、現在3年生。2年生の3学期から通級指導教室に週2回通っている女の子である。授業中、じっと座っていることができない。話が聞けない。人と視線が合いにくい。また、学習全般が苦手で、特に文字の形がとれない(写真2)。考えることをせず、すぐにわからないと言って教えてもらおうとする。

「見たらわかるでしょ!」というようなことができず、叱られることが頻回にあり、学級でも家庭でも、どんな支援をしてよいか、とても困っていた。

写真2）Aさんが覚えているつもりで書いた文字。「め」上段、「転」右下、「乗」左下

❷ アセスメント情報

そこで、Aさんのつまずきについて、WISC-Ⅳ等のアセスメントをおこなうことになった。

WISC-Ⅳでは、90%信頼区間で表1のような結果で、下位検査の積木模様の評価点は5となっていた。

その他のアセスメントから、左右の弁別はまったくできていないことがわかった。さらに、眼球運動に課題が見られ、注視は2、3秒しかできず、衝動性・滑動性いずれの眼球運動においても頭が大きく動き、ターゲットを追

指標	合計得点
全検査IQ	76-89
言語理解指標（VCI）	92-106
知覚推理指標（PRI）	73-88
ワーキングメモリー指標（WMI）	74-88
処理速度指標（PSI）	77-93

表1）WISC-Ⅳの結果

えなかったり、修正の動きが頻回に見られた。また、輻輳もできなかった。鉛筆の持ち方は、親指が突き出し、握りしめて持っていたため、指先を使った動きができない状態になっていた。

❸ 判断と具体的支援

■ 支援方法

まず、Aさんは叱られることが多くあることで、いつも自信がない状態になっていることが心配な点であった。Aさんだけでなく、保護者や担任も困っている状況になっていた。保護者、担任には、「視覚支援」だけでは、理解することが困難なことを伝えた。「見てわかる」ではなく、視覚支援を使いつつも、必ず言葉を使って意味を伝えるようにと助言した。

また、Aさんは決して乱雑に書いているつもりはなく、巧緻性からくる問題によって、思った通りに枠の中に文字を入れることができず、乱雑に書いているように見えることも伝えた。

これらのことから、通級指導教室や通常の学級の中で、以下のことに取り組むことにした。

①ビジョントレーニングを実施することにより、眼球の動きをスムーズにするだけでなく、集中力を高めるために取り組んだ。また、目と手の協応を高めるトレーニング、視点をスムーズに見るべきものに移すことや視覚的な探索が苦手なので、「数字タッチ」や「ナンバータッチ」というトレーニングもおこなった（写真3）。

②指先をしなやかに動かすための「ゆびたいそう」というトレーニングをおこなった（写真4）。

③ジグソーパズルは空間認知力を高めるだけではなく、「方略」を大切にした取り組み方をすることで、楽しみながら「考える力」を身につけることができるので、毎回楽しく取り組むようにした。

④「点つなぎ」によって、形を捉える力を高め、画の方向のルールを理解し、漢字の筆順を意識させることをねらいとしたトレーニングなどをおこなった。

さらに、学級では、毎授業、「姿勢のあいことば」というものに取り組んでいる。姿勢を正しく保持できることが、「鉛筆の正しい持ち方」「見る力」の土台となり、集中力を高める基礎基本だと考えている。また、きちんと座れることは学級規律の元であり、「聞き合うクラスづくり」へ向かうための第一歩だということを担任も理解し、取り組み続けてくれている。

「姿勢」を保つための「体幹」は、教室の授業だけでは身につかない。発達に課題のある子どもはその傾向が強いことが少なくない。そこで、体育の時間には必ず「体づくり運動」や「折り返しの運動」「鬼ごっこ」を授業の前半におこなうようにしている。それらが「姿勢の保持」ができる体幹を育てるだけでなく、体力の向上にもつながっていく。

このように、Aさんの育ちを通級指導だけで支えるのではなく、毎日の

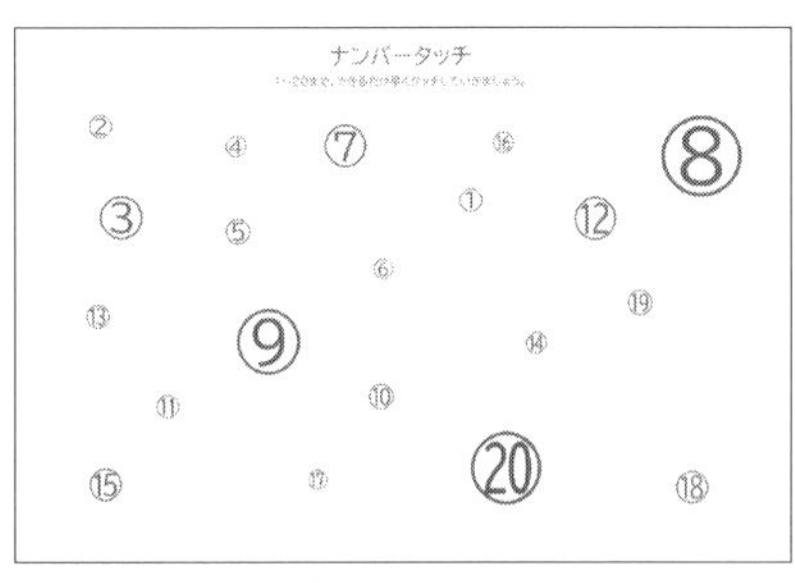

写真3）ナンバータッチ

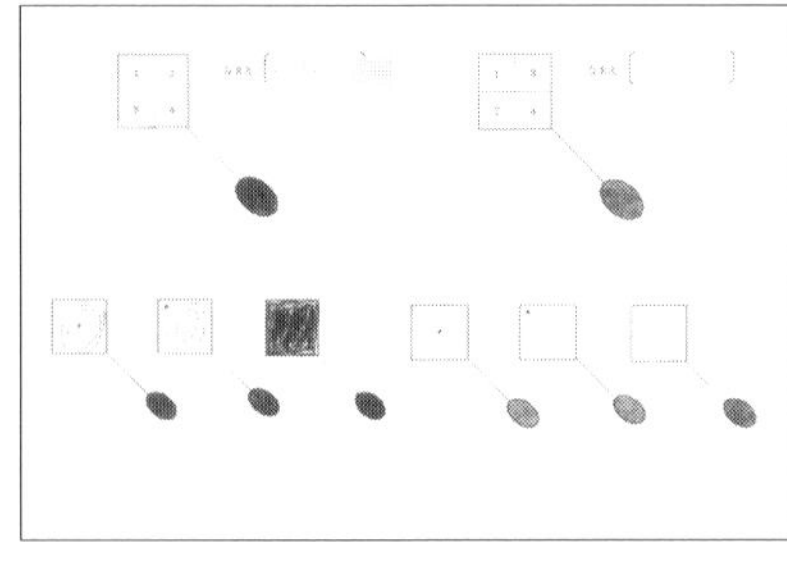

写真4）ゆびたいそうのプリント

学校生活すべてで、Ａさんの学習の土台となる力や認知の特性に合った指導を担任と毎日連携し、共通理解の上、指導を進めてきた。

■気づけなかったＡさんのしんどさ

Ａさんは、家庭でも学級でも、ていねいに言葉で説明を受けることが日常的になり、叱られることが減っただけでなく、集中力がついてきたことで、学習面や日常生活の中でも理解できることが増えてきた。

また、通級指導という個別の指導の場が週に2回、保障されたことにより、1対1で、たくさん話を聞いてもらったり、たくさん褒めてもらえる経験を積み重ねていくことができた。そんな中で、自分に自信をもち、授業中、たくさん発表ができるようになった。作文や感想文においても、自分の思いを表現できるようになっていった。何より、どんなことにも意欲的に取り組む粘り強さが身につき、気づくと、どんな場面や相手とでもしっかり視線を合わせて、話を聞けるようにもなっていた。

一方で、漢字の形が捉えられない。今書いていた漢字が、次の瞬間書けなかったり、全然違う位置に画があったり、画の本数が違ったりするなどの点においては、改善がなかなか見られなかった。

その課題とともに、左右弁別のトレーニングをおこなったが、3カ月ほど経っても、自分の左右すら弁別できないことが続いた。Ａさんは、幼少期から右利きであり、過去に利き手を変更したことはない。

左右弁別ができないＡさんの課題はどこにあるのか？

再度、Ａさんにアセスメントしたところ、「真ん中」という概念が理解できていなかった。

「自己身体としての真ん中」は理解できていたが、「直線上における真ん中」「面における真ん中」「物の順番における真ん中」において、理解できていないことがわかった。

Aさんは、自己身体の真ん中がわかっていることから、「真ん中」は何であるかは理解できている。しかし、どこが真ん中に当たるのか？　どうすれば、真ん中を見つけることができるのか？　が見当がつかず、困っていた。「真ん中がわからないねん」と、本当に困っていた。

そこで、「直線上における真ん中」「面における真ん中」「物の順番における真ん中」の見つけ方を指導した。

●直線上における真ん中……左右の手の親指と人さし指の幅が同じになる場所を見つけ、そこが「真ん中」になることを知る。
●面における真ん中……紙に書いた正方形の中に対角線を引き、交わるところが「真ん中」であることを知る。長方形でも同じようにし、次は、机上面でおこなう。対角線を実際に引けない時は、対角線を指で引き、だいたいの位置を探す方法で気づかせた（写真5）。
●物の順番における真ん中……この理解が難しく、3個の物から始め、真ん中の右と左に同じ数だけものがあることを学ばせた。次に5個、7個と物を増やしていき、「どれが真ん中？」だけでなく、自分で「茶色のペンを真ん中に置きます」ということもできるようになった。そして、写真6のように、指を使いながら、理由を言えるようになった。

❹ 指導後の子どもの様子

Ａさんは、「真ん中」が理解できたことに大喜びし、その喜びを担任や保護者に伝えていた。今では、自分の左右については、さっとわかるようになっている。

また、眼球運動にも少しずつ改善がみられるようになったことで、集中力がつき、よく見ることを意識するようになった。「ゆびたいそう」や「点つなぎ」に取り組むことで、指先を使えるようになり、枠の中に漢字や文字が入るようになったと、喜びを担当者に伝えてくれることもあった。

学習面ではすでに効果が出ていて、漢字以外の教科では、授業中の姿は、既に述べたが、評価テストにおいても9割以上を常にとれるようになっている。

「書くこと」において、Ａさんが自分の持てる力を発揮するのはこれからである。

写真５）机の真ん中を見つける課題

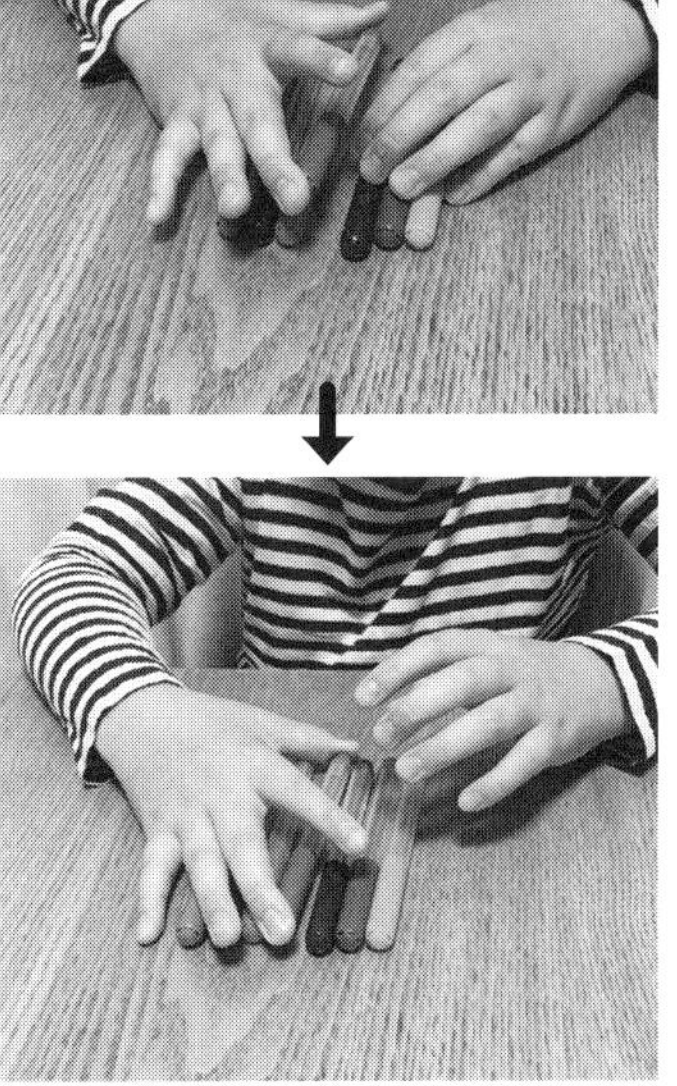

写真６）７つの物の真ん中に茶色を置く課題

Aさんは、これからもっとがんばるためのメンタルの強さはしっかり準備ができているため、持てる力を発揮するための土台となる力も身についてきたと言えるであろう。

今後は、「上下前後左右」が理解できたことが、ひらがなやカタカナに汎化(はんか)していけるよう、画の方向にも着目させ、学び直しをさせたい。

さらに、Aさんの言語理解、意味理解が比較的強いという特性を利用して、基本となる1・2年生までの漢字の部首に着目して、部首ごとに漢字を集め、「読み―形―意味」の三項関係を整理していくことを計画している。無意味な言語化ではなく、読みや意味、関連する形につながる言語化をAさんと一緒に考えていきたいと思っている（資料1）。

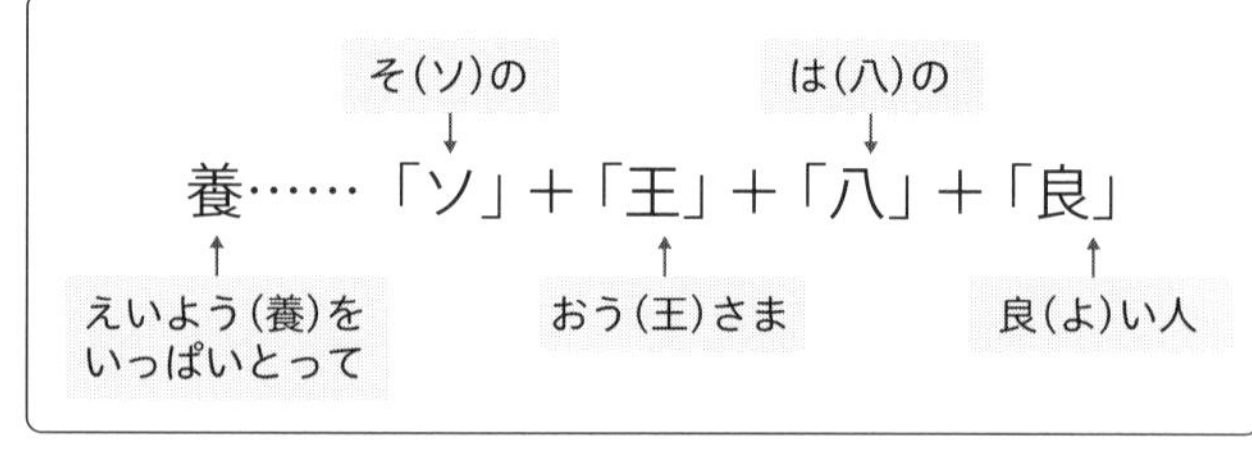

資料1）Aさんの特性をいかした漢字の覚え方

最後にAさんの支援を通して、通級指導担当者として、大切なことを学んだ。一般的には、「視覚支援」があるとわかりやすいということから、「見てもできないAさん」にいつも叱ってしまっていたことに、涙を流していた母親の姿が思い出された。母のその思いは父にも伝えられ、そこから家庭ではAさんに、できるだけわかりやすい言葉で説明するよう、関わりを変えてくれた。このことから、いかにアセスメントが大切かを実感した。

さらに、子どもたちが年齢ごとに獲得していく発達課題を知っておくことも大切である。私自身の反省点として、「真ん中」の概念獲得ができていないのではないか？という気づきがとても遅かったことである。

ＷＩＳＣ－Ⅳでの検査結果から知覚推理が弱く、特に積木模様における結果が５歳２カ月未満であったことから、その点を視野に入れて、初めにアセスメントしておくべきだったと反省している。

このつまずきをきっかけに、日常生活においてもＡさんが理解できずにいる順序性や位置関係などを再確認することにつなげた。例えば、「今日は２学期最後の日です。」→「最初」と「最後」の意味をどちらがスタートの日かゴールの日かが理解できていなかったことなど、このことを積み上げていくことにより、Ａさんが日常生活に意味をもって行動しやすいようにしたいと考えている。

私たち通級指導担当者としての役割はとても大きく、一人ひとりの子どもの課題を明らかにし、困り感に寄り添い、そして、安心できる居場所を保障しながら、自分はこうすればできるんだ！　という自信を持たせていく使命があるといつも考えている。

通級指導を卒業した子どもたちが、みんな、いきいきと学級で学び、生活している。そんな姿を見ていると、しっかり指導することをこれからも責任を持ってやっていかなければならないと感じている。そのためには、日常を最も知っている保護者と担任との連携をいかにとっていくかが大切である。「今日も、保護者と担任との話で、もうこんな時間になってしまった！」という日があることが大切だと考えている。その情報を元に、指導を再構築していくことで、通級指導を受ける子どもたちがより日常に活かせるトレーニングがおこなえるのだと思って、日々取り組んでいる。

Ａさんの場合、まだまだ担当者自身がわかっていないことも多く、さまざまな壁があると思うが、しっかりＡさんと向き合い、ともに取り組んでいきたいと思っている。

山田充のポイント解説

この事例報告のすばらしい点は、実態把握、アセスメントにしっかりこだわった内容になっている点です。また前提として、通常の学級で、彼女だけでなく、全員に漢字を大きく書いたものを提示して、授業を進めるなど、子どもたちがわかりやすいように学級でもユニバーサルデザインの考え方に沿って、支援がおこなわれていることです。そういった中でも、しんどさをもつAさんへの支援をさらに検討する形で支援を進めています。

実態把握もていねいで、アセスメントも広く深くされており、実際の書字の様子も紹介されていることから、様子がよくわかります。WISC-Ⅳは、もちろん実施されていますが、それにプラスして、左右の検査、眼球運動、鉛筆の持ち方等、書字の課題に関わるであろう検査がきちんとおこなわれているため、見え方や持ち方に困難があることがわかり、その力をしっかり上げていかないと改善が見られません。そのため、鉛筆の先を操る巧緻性のトレーニングや、ビジョントレーニングなどもしっかり計画されています。

トレーニングの内容も詳しく紹介されていますが、何のためにそのトレーニングを実施しているのか、目的を明確にもって取り組み方も詳しく紹介されていて、ていねいに指導されている様子がうかがえます。

また、重要なことは、視覚支援を実施するが、必ず言葉を沿えて指導するように通常の学級や保護者に伝えている点です。これは、WISC-Ⅳの中の言語理解指標が高かったことを受けて、強い部分を生かしながらより効果を上げる手法として大切です。

さらに重要なことは、支援を連携の中でおこなっていることです。通級指導教室だけでがんばるのではなく、日常生活全体を支えていくと表現されています。もう一つ、連携として伝えられていることは、彼女の書字は、乱雑なのではなく、巧緻性が獲得できていないから、そうなっているのだということもしっかり伝えています。乱雑なのは、叱る対象ではなく、支援の対象であると伝え、そのためのトレーニングをしっかりさせるという対応なのです。

この事例の最もすばらしいところは、タイトルにもなっている「真ん中の認識」について気づいたことがすばらしいです。左右の認識が弱い子どもたちを見つけた時に、私たちは、左右の認識をしっかり育てるために左右トレーニングを実施しますが、この左右トレーニングでも改善されないために、より深くアセスメントを実施して「真ん中の認識ができない」ことを発見されています。真ん中の認識ができないというのは、レアケースだと思いますが、そのことが原因で書字が困難、漢字を覚えることも難しい状況になっている子どもにとっては、重大な困難の原因であり、本人にとってレアケースではありません。それをしっかり見極めたアセスメント力の高さが、本児の救い、自信と達成感が持てるように指導が組み立てられ成果を上げています。このこだわったアセスメントこそ、この事例の魅力だと言えます。

事例 4

視覚認知の弱い子への漢字学習

小学3年生・男子

❶ 通級が必要と判断された状況

1年生のひらがな学習で、形を正しくとることができず、学級担任から相談を受けたことから、WISC－Ⅳ検査をした（表1）。その結果、処理速度のみが低く、知的障害ではないことがわかり通級指導教室に入級した。

❷ アセスメント情報

本児は、まじめで言われたことを一生懸命する。根気強さもあるが、次のような特徴がみられた。

- 学級の授業で書く場面があると形通り書けず、斜めの傾きが逆になっていることもある。
- 左右の認識があいまいで形が取りにくい。
- ラ行とダ行の発音が不明瞭で、表記まちがいも目立った。
- 音の聞き分けが不十分で、ひらがな学習で音と形のマッチングがうまくいかない。

❸ 判断と具体的支援

（1）左右トレーニング

鏡文字が多い。斜めの向きが逆になる。たまに靴の左右が逆。そんな本児の様子から、左右障害の可能性も加味し、左右トレーニングを取り入れた。赤・青・黄色のペンを机の上に置き、「右手で赤のペンを取る」「左手で青のペンを取る」また、「右手で左の耳を触りましょう」などの指示を出し、敏速に動く練習を毎回おこなった。

（2）構音トレーニング等など

ラ行とダ行の舌の位置の違いをミルクせんべいのかけらを上あごに貼り付け、徹底的にトレーニングした。それと並行して、ラ行とダ行の言葉を集めたプリントを作成し、ラまたは、ダの文字を入れる練習を繰り返した。（資料1）

（3）視知覚トレーニング

点つなぎのプリントを繰り返しおこない、長期休暇も家庭学習としておこなった。はじめは見本の点とずれた点をつなぐなどのミスが目立ったが、

指標	合成得点	パーセンタイル	信頼区間（95）％	記述分類
全検査IQ（FSIQ）	100	50	94-106	平均
言語理解指標（VCI）	105	63	96-113	平均―平均の上
知覚推理指標（PRI）	109	73	99-117	平均―平均の上
ワーキングメモリー指標（WMI）	103	58	95-111	平均―平均の上
処理速度指標（PSI）	81	10	74-93	低い（境界域）―平均の下

表1）WISC-Ⅳ検査結果

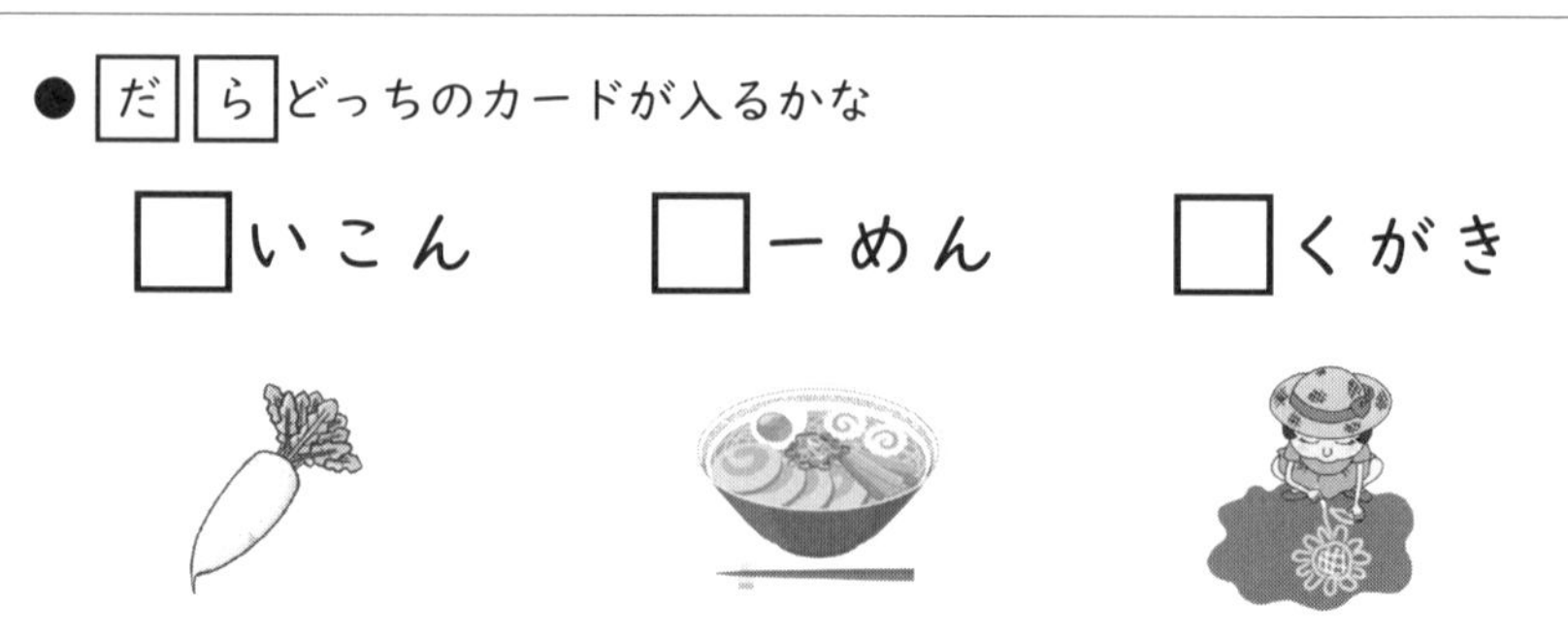

資料1）ダ行とラ行の言葉問題例

●漢字イラストカードを使った漢字学習

漢字の記憶が苦手で、細かいところまで正しく書けない子どもに、漢字イラストカードを使って、段階指導。１回に６～８個書けるようにおこなった。

①イラストつきで、漢字の読み。
②イラストをかくして、漢字の読み。
③絵だけを見て、漢字を言う。
④絵だけを見て、漢字を指書きする。
⑤絵だけを見て、漢字を大きく書く。

資料2）漢字イラストカードの使い方

繰り返しおこなううちに正確に書くことができるようになった。さらに点と点をつなぐ線もまっすぐしっかり引けるようになってきた。

（4）漢字イラストカード

新出漢字を『意味から覚える漢字イラストカード』（かもがわ出版）で段階的に学習した。読みから書きへの学習で、書きは回数を書かせるのではなく指書き中心に大きく正しく書くことができるようにした（資料2）。

（5）漢字カードづくり

漢字カードでの学習を積み重ねていくうち、自分からカードを作成するようになった。B5サイズの紙6等分のスペースに、見本の字を書く。はじめはまちがいも多かったが、だんだん正しく書けるようになり、覚えられるようになった（資料3）。

4 指導後の子どもの様子

ラとダの構音指導は、3年生の1学期で卒業した。それとともに表記まちがいも減ってきた。ただ、まだ、少し混乱する時があった

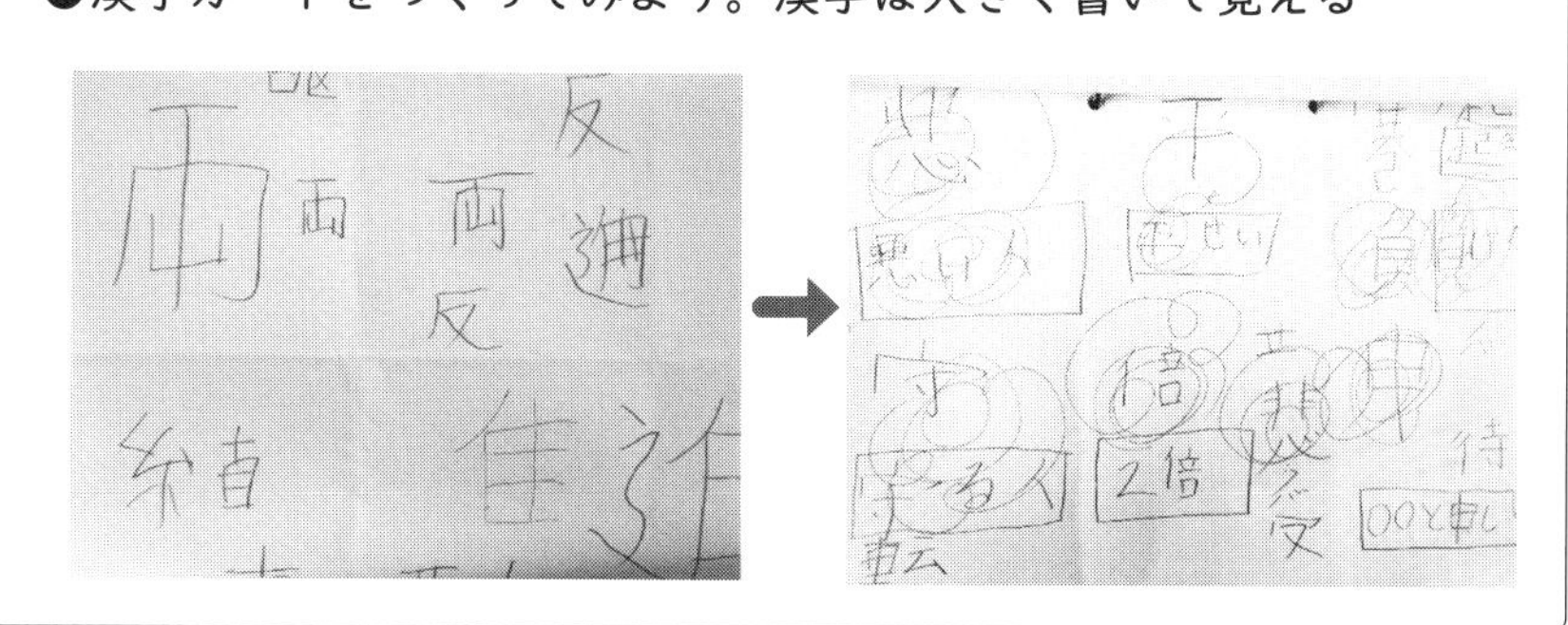

資料3）漢字カードづくり

ので、表記のトレーニングは続けた。
視知覚については、徐々に力がつき、漢字を大きく書くことで正しく覚えることができるようになった。何度も書くのではなく、大きく正しく書くと覚えられるという自分に合った学習の仕方を見つけられたことが、漢字の力を伸ばすことにつながった。５年生になり、漢字テストで90点以上とれることもあり、通級指導教室の時間を減らす方向で進んでいる。

きちんとアセスメントをおこない、支援方法を検討し根気よく実践することで、成果を上げることができた原則的な事例です。

まず、ひらがなが覚えられないなどの困難をかかえる子どもの場合、学習が苦手というだけで特別支援学級の入級を進めるケースもありますが、まずするべきことは、知的障害があるのか、ないのかの鑑別です。そのため心理検査や発達検査を実施して、知的水準をみます。今回の事例ではＷＩＳＣ－Ⅳを実施しています。その結果、知的な問題はないことがはっきりしたので、通級指導教室を選択したのは、正しい判断だったといえます。

では、知的な遅れが原因でないならば、どんな要因が子どものひらがな習得を疎外しているのかということを、探していかなければなりません。このケースでは、子どもの性格把握と同時に、書いている様子をしっかり観察して、「左右認識の問題」と「音の聞き分け」があるのではないかという判断をしています。このように

W－SC－Ⅳではは かれないが、ひらがななどの書字困難の要因になることが、あるかないか判断することは、実はとても大切です。私たちは、W－SC－Ⅳと、その他の検査というくくりで呼ぶことが多いのですが、大事なことは全体像を明らかにする、困難の要因を掘り下げてみていくことをしなければなりません。

具体的な支援について、「左右認識の問題」と「音の聞き分け」という課題への支援がきちんと位置づけられています。明らかになった困難の要因に対応する原則的なことがしっかりおこなわれています。これと付随して、しっかり見る、形を構成するトレーニングも加えられています。1つおさえておきたいこととして、「聞き分け」の難しさへのトレーニングをどう考えるかという問題があります。「聞き分け」にくいから聞き分けのトレーニングをしたらよいと思われるかもしれませんが、聞き分けにくい子どもに聞き分けのトレーニングは、当たり前ですが難しいです。聞き分けの苦手な子どもたちは、その聞き分けにくい音の発音もあいまいだったり難しかったりすることが多いので、この発音を正しく、あいまいさをなくす練習から始める必要があります。こちらのほうが難しく感じますが、発音は、口の形、舌の位置、息の使い方といったいくつかの要素の組み合わせなので、舌をここにつけて、このように息を出すという構音点指導というやり方をすれば、正しい発音を引き出すことが可能です。正しい音が出せるようになれば、自分の出している正しい音を手がかりに聞き分けの指導を進めていくことができます。本事例もこの手順に従って進められています。

漢字の形が取れ、覚えられるように、実は漢字そのものからはなれている点つなぎプリントなどで指導しています。このようにストレートに漢字の学習に進むのではなく、基礎的な形を見分けるトレーニングが入っていることで、形の捉え方が少しずつ成長している様子がみられます。

この事例は、具体的な支援の方法や教材がたくさん紹介されていますので、ぜひ参考にしてみてください。

事例 5

算数・文章題が大好きに
～児童のオリジナルキャラクターによる言語化～

小学３年生・女子

❶ 通級が必要と判断された状況

「算数の文章題がとても苦手で、正しく立式できない」「宿題もしないことが多く、算数が嫌いになりつつある」という理由で保護者から相談があり、校内委員会で検討した結果、通級指導を開始することになりました。

❷ アセスメント情報

文章題を読んで正しく立式することができないことについて、例えば、かけ算の問題を読んで「たし算」、ひき算の問題を読んで「わり算」と判断するなど、文章を読んでイメージするのが難しい様子でした。国語の読解問題の回答や口頭でのやりとりは、概ね問題ありません。

注意集中の苦手さがあり、計算ミスや衝動的に反応して立式をまちがえることがありました。

絵をかくのが大好きで、休み時間や放課後などにマンガを模写したり、自分でキャラクターを考えてかいたりしていました。

❸ 判断と具体的支援

〔文章題の指導1〕

「推論（文章題）」の弱さがあると判断し、文章題をイメージ化してから立式する練習を始めました。指導は山田（２０１５）や熊谷・山本（２０１８）を参考に、

① 文章題を図にしたものを見て立式する（写真1）

② 自分で図をかいたりする（写真2）

この①②の方法では、問題の状況を絵にできるものの、その後、立式する際に誤った演算子を選択することがありました。イメージと式がうまくつながっていない様子でした。

〔文章題の指導2〕

〔指導1〕で効果が十分ではなかったので

③ 文章題の考え方を簡単な図にまとめた資料による解説

④ 本児のオリジナルキャラクターを活用する方法（写真2）

を使って学習を進めることにしました。

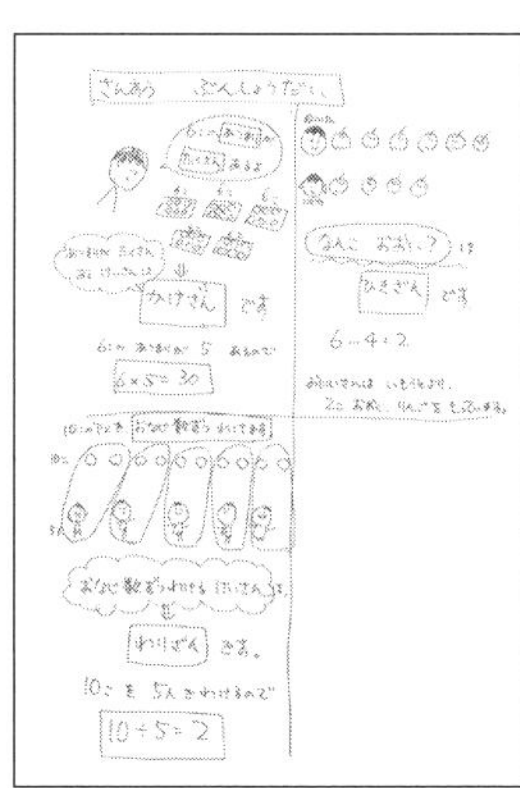

写真1）

写真2）

④について、本児は文章題を絵にする際に、必ずオリジナルのキャラクターをかいていたので、そのキャラクターに「立式のヒント」を語らせることにしてました。すると本児は、ほぼまちがえることなく立式することができるようになりました。

この方法で練習を重ねた本児は、文章題に取り組むことが好きになり、通級の際に、毎回自ら「今日は文章題、ある?」とリクエストするようになりました。

❹ 指導後の子どもの様子

通常の学級での学習の際にも「喜んで文章題に取り組むようになった」と担任の先生が教えてくれました。計算の苦手さや不注意によるミスが多いなどの課題はありますが、文章題に取り組む自信がついたことをきっかけに、本児の算数の学習全般への積極性が高まりました。

このアプローチは、キャラクターに「語らせる」ことによって、数量関係の変化や式との結びつきを、言語的な思考に置き換える方法であるといえるかもしれません。また、本児の場合は衝動的に立式する傾向があったため、「キャラクターの語り」を考えさせることで、いったん立ち止まって、問題の状況を吟味することにつながったようです。さらに、本児の得意（絵をかくのが好き）を活かした方法だったことから、楽しく、積極的に取り組むことにつながったと考えられます。

〈参考文献〉
・山田充（2015）『「算数」文章題イメージトレーニングワークシート1 たし算・ひき算』かもがわ出版
・熊谷恵子・山本ゆう（2018）『通常学級で役立つ 算数障害の理解と指導法 みんなをつまずかせない! すぐに使える! アイディア48』

この事例は、算数の文章問題の苦手な子どもへの指導です。

算数の文章問題の苦手な子どもたちは、言語と頭の中のイメージ化がうまくできず、計算構造が何算なのか、判断できないことから難しくなることが多いので、文中でも紹介していただいた『「算数」文章題イメージトレーニングワーク』（かもがわ出版）でも、絵から文、文から絵を交互に取り組みながら、イメージを育てる指導をおこなっていくことが大切になります。

本児のおもしろいところは、自分で描いたキャラクターに解説させると正解するという点です。この解釈には、アセスメントから得られた本児の特性が関係してきます。アセスメント情報の中に「注意集中の苦手さがあり、計算ミスや衝動的に反応して立式をまちがえることがありました」という内容があり、衝動性が特徴として上がっています。最後の部分に「本児の場合は衝動的に立式する傾向があったため、『キャラクターの語り』を考えさせることで、いったん立ち止まって、問題の状況を吟味することにつながったようです。」と書かれていますが、この分析が正しいと思います。衝動的な子どもたちは、能力は高くてもパッと判断したい！ので、深く考えずに答えを出します。そして、失敗しても、深く考えずに「無理無理、もういやだ」とか衝動的に考えます。このことから、なかなか考えることができず、失敗を繰り返すのです。今回は、大好きなキャラクターに考えさせるという自己肯定感が高くなる手法を使ったために、そこで、いったん考えなければならない状況になったことが成功につながっています。

衝動的に反応するために失敗する子どもたちへの指導ポイントは、「衝動的反応を抑制し、考えて行動する」ことです。どんな場合でも、考えて結論を出せば、そんな失敗することはありません。考えずに行動して失敗しているのですから、考えることができるようにすることが指導になります。今回の事例は、衝動性の強い子どもに考える習慣を大好きなキャラクターに考えてもらうということが効果的だったのです。

事例 6

漢字を覚えることが苦手なBさん

小学４年生・女子

❶ 通級が必要とされた状況

てんかんで医療機関を受診。発達に大きな遅れはないが、学習する力にやや不安があり（ＷＩＳＣ検査80台、視覚優位）特別支援学級ほどではないが、通級指導が適切かと医師に勧められる。

2年生時、保護者からの相談を受け、校内委員会での検討の結果、通級指導教室での個別指導を開始することになった。

❷ アセスメント情報

ひらがな、カタカナは覚えたが、想起するのに時間がかかる。学習の様子では、国語で、漢字の読み書き以外に、音読がスムーズにできない、算数で、文章題の理解や図形問題にも苦手さが見られる。

学校での集団生活では、女子同士のもめごとで「相手を傷つける意地悪な言動」、また家庭では家の中での金銭問題など、強いストレスを示す行動が見られた。

❸ 判断と具体的支援

通級指導教室では、表1の個別の指導計画の内容で指導をおこなった。

長期目標	教室での学習において、漢字の読み書きがスムーズにできるようになる。		
	短期目標	支援内容・手立て	評価
	①記憶することの苦手さに対し、向上のために、視覚、聴覚の注意集中のトレーニングの実施。 ②漢字の学習では、読みと意味をむすびつける（読む・意味理解）。	①視覚記憶、目と手のトレーニング（『マスコピー』株式会社ウィードプランニング）。聞きとって正しい答えを書く練習（『きくきくドリル』文英堂）。 ②漢字イラストカード 絵を見て漢字を思い浮かべる（想起） 漢字を確認。読み書きの確認。 使い方を練習する。	家庭でも、「国語辞典や漢字辞典を使う」習慣をつけてくれて、正しい意味や字を調べることが習慣化した。 漢字が嫌いでなくなり、得意になってきた。 通常の学級での不適切な行動はなくなった。

表1）個別の指導計画

❹ 指導後の子どもの様子

漢字を「書き」から学習するのではなく、漢字の意味、読みから学習する学習方法を続けてきた。書き方を覚えるときには、部首に注目し、どこを見たら覚えやすいか考え、効率的に覚えるように工夫をした。漢字の学び方がわかってきたため、漢字を勉強することが嫌いでなくなり、家でも辞書を使って積極的にテスト勉強などに取り組んでいる。漢字テストで点数が取れるようになり、ますます楽しくなってきた。家では、引き続き、辞書を使った学習を中心に漢字の意味や成り立ちを理解することに時間をかけている。通級指導教室では、次回の漢字テストへの対策を、焦点を絞って学習し、覚え方の工夫をおこなっている。ほかの教科（算数など）もがんばる、と勉強に意欲を燃やしている。

山田充のポイント解説

Bさんの状態について、アセスメントの付け足しをすると、WISC－Ⅳの全体の数値は示されていませんが、全体のIQが80台で視覚優位という情報から、相対的に、言語理解指標やワーキングメモリー指標が70台であることが想定されます。この辺りが弱いと言語の理解が弱く、順序立てて推論していくことが苦手であったり、聞き続ける、考え続けるということが苦手になりやすいのです。視覚優位では、見た瞬間の判断が強くなる傾向があり、集中の弱さや論理思考の弱さと結びつきます。また相手の気持ちがわかりにくく不必要にきつい言葉がでる状況から、状況判断やまわりの様子から類推する力の弱さもあることがうかがえます。

これらの状態から理屈で考えるのが苦手、想起が苦手ということが起こりやすくなります。学習の困難が発生しているようです。この状態の子どもたちへの支援で、通級でも上げられている集中のトレーニングは必須です。それから、視覚優位を使いながら、漢字イラストカードでイラストから漢字を想起するトレーニングも特性を生かしたトレーニングとして有効です。それにつけたして、辞書を活用して学習するという方略指導が有効に働いています。類推することが苦手、順序立てて考えにくい子どもたちは、結論にたどり着きにくく、自信を喪失してしまいます。想起するトレーニングもやりつつ、辞書を活用するということは、迷いなく正解にたどり着けるということを学んでいくことになり、自信をもちやすくなります。ここで、辞書を使って学習するスキルを身に付け、家庭でも協力してもらったことが本児の自信につながり、本人の意欲と学習の状態改善につながっていると考えられます。

事例 7

勉強がわかるって楽しい！ Aさん（ASD・ADHD）の成長を通じて

～通級指導教室と通常の学級との連携より～

小学5年生・男子

1 通級が必要と判断された状況

1年生の学級担任との教育相談の結果、1年生2学期から通級することになる。通級時は、学級での勉強についていくことが難しい。ひらがな読めない・書けないが主訴であった。私が指導をおこなうことになったのは、Aさんが2年生からである。

2 アセスメント情報

授業観察に行くと、授業中にしょっちゅう寝ている、板書をノートにまったく写していない。手遊びをしている。まったく担任の話を聞いておらず、その場の気分で学習に取り組んでいる感じであった。

WISC-Ⅳ結果は、表1の通り。

指標	合成得点
全検査IQ（FSIQ）	90
言語理解指標（VCI）	93
知覚推理指標（PRI）	93
ワーキングメモリー指標（WMI）	79
処理速度指標（PSI）	102

表1）WISC-Ⅳ検査結果

❸ 判断と具体的支援

ラポールの形成（支援者と子どもや保護者との信頼関係を築くこと）、保護者との連携は必要ではあるが、年2回の個人懇談会（情報共有をするために担任との同席）を活用しながら、保護者との連携も意識をした。通級で気になることがあれば、担任より保護者に連絡をしてもらった。

集中トレーニングでは「点つなぎ」「数字の点つなぎ」「まちがい探し」をおこなった。

2年時は、1年時の引き継ぎより、週2回の集中トレーニングを中心におこなっていたが、授業に向かう姿勢などがまったく育っていないことから、週5回（毎日）教科の補充指導もおこなうことにした。

算数の計算問題（基礎的なことを強化するため）たし算・ひき算・かけ算・わり算を毎日、5問ずつ練習した。たし算・ひき算は、1年生から復習をおこなうこととした。

❹ 指導後の子どもの様子

4月当初は、どんな課題を渡しても、すべてをイヤイヤ表現し、自尊心がとても低く、ちょっとしたことですぐに泣いてしまう状態からのスタートであった。

短期目標としてまずは、生活習慣から改善することを目標にした。朝ごはんぬきは毎日当然であった。朝1時間目の授業では、あくびが何度も出るくらい生活のリズムは乱れていた。夜寝る時間もゲームや動画を見ているために、バラバラであった。授業のはじめには昨晩何時に寝たか（時間の感覚があまりなかったので、正確に把握することはなかなか難しかった）、朝ご飯を食べているかを毎日必ず確認をすることで、徐々ゲームづけであったがゲーム脳の話をすることで、時間を決めてゲームをするようになる。

「先生！　おれの行ける高校見つけてや」「アルバイトをして、お金を稼ぎたいねん」など前向きな発言が徐々に増えてきた。「おれってかしこくなったなあ」３年生からは、毎日国語の時間に通級指導を実施し、トレーニングをおこなった。「○○先生は、クビや。おれにもっとわかりやすく、わかるように教えることができひんのやから」と通級教室で、泣きながら訴えることもあった。

学級での算数の時間の振り返りには、「わからんかった。もっと、わかるようにおしえてほしい」と書く。４年生の１学期４月。急に「先生、九九表の意味がわかった。２の段は、２ずつ増えているんやな。お風呂にはって、ずっと見てたら、ルールがわかってん。すごいやろう！」口ずさみながら、見ていてルールに気づいたのであった。４年生になり、覚えることをあきらめていた九九をやっぱり覚えたいというＡさんの意欲から、保護者に協力をお願いし九九表をお風呂にはってもらった成果であった。

母親からは、４年生になってはじめてづくしがたくさんあることの報告を受けた。はじめて家で自分から宿題をするのを見た。はじめて授業参観で手を挙げているのを見た。はじめてテストでいい点をとった。などである。

４年生になってから、わり算を教えてほしいと言い出す。３年生の時に教えようとしたら、「無理」と言われてから何度か試みたが拒否反応がすごく話を聞きもしなかった課題であった。

４年生で九九表を使いながら、わり算を攻略するには、九九表が必要なことを伝えると興味をもった。あまりがないわり算の問題を毎日5問ずつおこなった。続いてあまりありの問題では、具体物を使いながらあまりのあるわり算を指導したが、なぜ、わり算なのにひき算を使うのかわからないといって怒ることもあった。次に、わり算の筆算では、筆算ダンス（たてる・かける・ひく・おろす）を教えると興味をもってくれた。

5年生になり、通級に来室してすぐに「先生！　今日は、ここがわからへんかったから教えて」「先生！　昨日は、ここがわからへんかったから教えて」とふせんを教科書にはりつけてくるようになった。自分のやり方でわからない時には、「わかりません」と聞く方法があるんやでと伝えると「勉強は自分のやりたい、やり方でやりたいねん」「それやったら、学校の先生はいらなくなるやろ。学校の先生は、わからん時に聞くことができるんやで。高校生までは、先生にわからんことを聞いても、はずかしくないよ」と伝えると納得をしてくれた。人に興味を示すようになり5年生の担任とつながり、通級担当が代弁をする。そして、課題であった漢字の読み書きも5年生になって大きく飛躍するのである。

■通常学級での変化について

通常学級においてもどんどん変化が見られるようになった

- 自主学習ノートに取り組みクラスで一番早く2冊目に入る
- 単元テストの点数が飛躍的に向上する
- 今まで読めなかった漢字が読める（熟語で読めるようになる）
- 他の児童にわかったことを伝えることができる
- 九九表に頼っていた計算が、表をできるだけ見ないで問題を解くようになる

・宿題をするようになる（家庭での学習は一切することがなかった）
・ゲームをする時間が減る
・板書をノートに少しだけではあるが写す

■今後の課題等について

かけ算（九九）は、まだ完璧に覚えているわけではないが九九表を見ることに頼りきりであった以前とは大きく変化をし、表を見ないでがんばろうと思うほど学習意欲が向上している。来年は、いよいよ最高学年6年生になるので、さらなる成長を今から楽しみにしている。

山田充のポイント解説

すばらしい成功事例ですが、時間をかけてていねいに指導したからこのように成功したと解釈するのはまちがいです。この事例のポイントは、本人の特性と向き合って、その特性に沿って、変化をつくり出していったところです。

Aさんの検査が紹介されています（下表参照）。ワーキングメモリー指標以外はすべて普通です。つまり知的な問題はないということです。ひらがなが読めない、九九を覚えていない、漢字が覚えられないなどのさまざまな学習困難は知的な低さからではないということです。ここを読みまちがえると、支援はなかなか成果をあげることができなくなります。

ワーキングメモリーの低さも聴覚的短期記憶や聴覚的ワーキングメモリーの弱さだけで簡単に片づけてはいけない事例です。子どもの様子をみていると「授業観察に行くと、授業中にしょっちゅう寝ている、板書をノートにまったく写していない。手遊びをしている。まったく担任の話を聞いておらず、その場の気分で学習に取り組んでいる感じであった。」ということが書かれています。聞く習慣がないこと、気分で態度がかわること、集中していない様子が見て取れます。ワーキングメモリー指標の低さは、聞く集中力の弱さ、気分によって態度が変わることなどから聞き続けようとする意欲のなさに起因することがわかります。

この状態の子どもは、できることはするができないことはしたくない、できないことの判断は素早く、努力が苦手で1年生の時点から「なにもしたくない」という精神状態になっていたことから、本当の知的水準は普通にあるのに、学習ができない状態になっていたと考えられます。こういった事例では、このような子どもの状態の見取りが大切です。

残念ながら、1年生時の判断は、甘かったといわざるをえません。「2年時は、1年時の引き継ぎより、週2回の集中トレーニングを中心におこなっていたが、授業に向かう姿勢などがまったく育っていない」ことからそのことが伺えます。

この結果から支援方針の大転換がおこなわれます。「算数の計算問題（基礎的なことを強化するため）たし算・

指標	合成得点
全検査IQ（FSIQ）	90
言語理解指標（VCI）	93
知覚推理指標（PRI）	93
ワーキングメモリー指標（WMI）	79
処理速度指標（PSI）	102

表1）WISC-Ⅳ検査結果

ひき算・かけ算・わり算を毎日5問ずつ練習した。たし算・ひき算は、1年生から復習をおこなうこととした。」とあります。通級指導では週に8時間までの指導が認められていますが、一般的には、そんなに指導することはありません。また教科の学習の補充を主たる対応にしてしまうと、通級でいくら時間をかけても、通常の進度に追いつくわけもなくずっと遅れが続くということになります。今回の週5時間は、この観点ではなく先に述べたように、難しいことはすぐにあきらめてしまって、何も身についていない子どもに対して、「いやいやあなたはできる子どもですよ。一緒にやってみよう。ほらね、できるでしょ」ということを示すために必要な時間だということです。事例の紹介の中でも、読み取れるように、わかり始めた彼は、どんどん積極的になり自ら学ぼうとし始めています。勉強が遅れているから時間をかけたということとは違う観点なんだということを理解していただくことが大切だと思います。

Aさんは、かなり困難な事例だと思われるのは、3年生になっても、「わり算は無理!」といって指導になっていないことです。2年生、3年生と状態は改善しつつあるのにです。先生の対応で頭がさがるのは、この状態でも、あきらめずに「子どもにできると思わせる状態をつくりだそうと努力し続けた」ことです。すると4年生になって一気に成果があがり始めます。本人がやったらできるということがわかり始めたのです。母親も4年生から様子が変わったと実感していますし、本人の口からもさまざまなことが語られています。わからないことを聞きに来る様子は、本人の積極的な部分が開花したなあと微笑ましくなります。これも、「できる」を意識させ続けた結果です。

もっとも大事なことは、通常の学級での態度に変化が出ていることです。あちこちで書いていますが、通級指導教室の役割は、通常の学級でみんなと学べる子どもを育てていくことです。学級で学べるということは、本人が獲得した力を自らの意志で使い始めたということに他なりません。通級指導での、支援の成果はこのような形で花開くことが最も大切なことです。

事例 8

音読や読み書きに困り感がある児童への支援

小学6年生・男子

① 通級が必要と判断された状況

- 3年生の12月に教育相談をおこなう。
- 読みがすらすらできない。一行ずつ見えるスリットを使ったり、指でたどって読んだりするが、たどたどしい。文章題は読みあげると理解して答える。学級のテストでは、文章の読みあげの配慮を受けている。
- 漢字やローマ字は枠からはみ出す。漢字の偏とつくりが逆になる。線が多かったり少なかったりし、形をとるのが難しい。漢字のまとめテストでは、テスト前に練習しても20～30点ほど。
- かけ算の筆算は位がずれる。二桁の数字を逆に書いたり、文字が大きくてノートのマスに入らなかったりする。

- 家庭で宿題をしていて、ちょっとした音でもうるさい、勉強できないと話し、イライラすることがある。
- 保護者は、本児のしんどさが改善されればという思いをもっており、通級を希望している。

❷ アセスメント情報

- 3年生の11月（表1）で、視覚認知能力を表す知覚推理指標が68と著しく低く、このことが全体のＩＱも下げているという結果になった。
- 眼球運動をチェックしたところ、黒目の動きがスムーズでない。チェックをおこなっている最中、まばたきを何度もし、疲れた様子がみられる。

❸ 判断と具体的支援

困難の要因として、眼球運動の弱さ、目と手の協応の弱さ（不器用さ）、視覚認知の弱さがあると判断し支援をおこなう必要があると判断した。さらに漢字が覚えられないことにも対応し本児の特性に沿った覚え方を提案していくことにした。校内委員会の判断後、保護者の同意を得て、3年生の1月（3学期）から通級指導を開始。

■具体的支援

- 目の動きがスムーズにできるように、眼球運動トレーニング（キャラクターの

指標	合成得点
全検査IQ（FSIQ）	79
言語理解指標（VCI）	90
知覚推理指標（PRI）	68
ワーキングメモリー指標（WMI）	85
処理速度指標（PSI）	91

表１）WISC-Ⅳ検査結果

棒を見ての輻輳や円周運動など）、数字・ひらがなのランダム読み、ワンバウンドしたピンポン玉やスーパーボールを紙コップでキャッチする課題、キャッチボールを実施。

- 見る力をつけるための視覚認知トレーニングとして、「まちがい探し」「点つなぎ」をおこなう。
- 目と手の協応の力をつけるため、鉛筆先の動きをコントロールするためのぐるぐるめいろ（運筆トレーニング）をおこなう。
- 漢字を覚えたり書いたりする読み書きの力をつけるため、『意味からおぼえる漢字イラストカード』を使って絵とセットで漢字を覚えたり、拡大した漢字を提示し見やすくしたりして漢字練習をおこなった。
- 算数の計算問題や当該学年の内容の基本問題を見やすく提示する方法で基礎的な問題をおさえた。
- 学習後のお楽しみの時間でも、「ジャンボジェンガ」や卓球をおこない、空間認知能力や目で見てボールをとらえる力（眼球運動のトレーニング）につながる課題を設定し、楽しみながらトレーニングに取り組んだ。
- 通常の学級では、引き続きテストなどでの文の読みあげの支援や、書くマスを拡大したプリントを使用して学習を進めるといった配慮をおこなう。

4 指導後の子どもの様子

- 4年生の1学期からは、家庭でもキャッチボールをおこなったり、ポートボールを始めたりするなど楽しみながら、課題の改善につながるような取り組みを始めてもらえるようになった。
- 宿題でイライラすることが少なくなる。

・4年生の2学期からは、目と手の協応課題として実施していた「ぐるぐるめいろ」の課題が改善してきたためこれを終えた。動体視力と目と手の協応を合わせた転がってきたビー玉をスプーンでキャッチする課題や空間認知を鍛える立体パズルを追加した。この頃から、眼球の動きがスムーズになり、漢字や文字が枠からはみ出すことが少なくなった。筆算でも以前より数字を小さく書けるようになる。例えば、位の書きまちがいがなくなるといった変化がみられる。

・4年生の2月のＷＩＳＣ－Ⅳを再度実施し、その結果（表2）と前回と比べて大きく改善した数値となった。特に視覚認知を表す知覚推理指標が前回の68から85と大きく改善し、視覚認知トレーニングや眼球運動トレーニング、目と手の協応課題への対応などの成果がはっきり現れる結果となった。

・5年生になり、立体パズルを終え、教科書の文章を拡大しての音読練習とジオボード課題（均等に配置された突起に輪ゴムを引っかけて図形を作る教具）を追加。漢字練習では、「幹＝朝にやね書いて干」、「護＝ごんべん、サ、集まる、ヌ」などと唱えて練習するようになる。漢字のまとめテストでは、50～60点台に点数が上がってくる。

　クラスのテストでは、読みあげではなく、本児の希望もあり、国語の問題を拡大したものを使って自分で読んで取り組むように、本人の到達に合わせて配慮を変化させるようにした。

・6年生になり、テストの拡大の配慮は必要ないと本児から話があり、配慮なし

指標	合成得点
全検査IQ（FSIQ）	86
言語理解指標（VCI）	91
知覚推理指標（PRI）	85
ワーキングメモリー指標（WMI）	85
処理速度指標（PSI）	94

表2）WISC-Ⅳ検査結果

で受ける。毎回6割以上の点数。音読は教科書と同じ大きさの文字でも、つまることなく読めるようになる。初見の文章でも、読んでいくことができている。保護者から、「自分から本を開いて読むようになった」と報告を受ける。漢字のまとめテストでは、引き続き半分以上の点数をとることができている。

山田充のポイント解説

本事例では、音読や読み書きに困難がある子どもたちは、一定数存在し通級指導でも対象としてあがっていることが多いですが、あれやこれやの支援ではなかなか成果が上がらないということもよくあります。

ここでは、しっかりアセスメントを実施しています。WISC－Ⅳを実施、知覚推理指標の極端な低さに特徴があることがわかりました。それを受けて、眼球運動も調べると、とても動きが悪いこともはっきりしてきました。また、書字が枠に収まらないことから、目と手の協応についても課題があると判断しています。あれやこれやではなく、何が困難の要因であるかをしっかり判断した上で、指導計画を立てています。

支援も本児の場合、困難の度合いが大きかったため、眼球運動課題も視覚認知課題も達成しやすいやさしい課題から取り組み、できるようになってから、眼球運動課題や視覚認知課題のレベルを上げていくという手法で取り組んでいます。学年をまたいで気長に継続的に取り組んでいることも本人の達成感を大切にし、着実にできるということを積み上げた支援がおこなえているところがすばらしいところです。

通常の学級での配慮も、通級でのアセスメントと連動して、早い段階からテスト問題を読み上げる配慮がおこなわれ、読めない子どもにもしっかり考えることができるようにしています。読めないけれども、当該学年の学習でしっかり考えることはできています。

問題への取り組みも、読み上げ↓拡大した問題↓通常の問題の出し方と変化させていきますが、この変化を判断した基準は、通級などでトレーニングした成果から本児が、不必要と判断した上で変化させているので、無理なく配慮を変化させ自分で取り組めるようにしていることがすばらしく、配慮と支援の有機的な融合の見本であると思います。

漢字への取り組みも、視覚認知が弱く形が把握しにくい子どもへの指導で、形の認識や覚え方をセリフ化する、聴覚認知を使った方法です。苦手分野のトレーニングはしつつ、得意分野の覚え方を提案していくという手法であり、学習に困難のある子どもへの支援の基本をきちんとおさえた支援だからこそ、成果として上がり本児のやる気も引き出せていると考えられます。

事例 9

漢字の読み書きが苦手パート1

言葉の力の高さを活かして自信の回復をねらった指導

小学6年生・男子（他校通級）

1 通級が必要と判断された状況

「漢字の読み書きが非常に苦手で、漢字以外のテストの点数も悪い」という保護者からの主訴で5年生の時に教育相談をおこない、通級指導を開始。他校通級児童で週1回の指導。

2 アセスメント情報

・STRAW－R結果
読みの流暢性は単語（ひらがな・カタカナ）、非語（ひらがな・カタカナ）、文章のすべてで＋2SD（非常に遅い）
・ひらがな単語聴写テスト（村井、2010）
拗音の書き誤りあり

指標	合成得点
全検査IQ（FSIQ）	101
言語理解指標（VCI）	107
知覚推理指標（PRI）	102
ワーキングメモリー指標（WMI）	94
処理速度指標（PSI）	96

表）WISC-Ⅳ検査結果

❸ 判断と具体的支援

・発達性ディスレクシアの疑いと判断（診断なし）
・（1）本児と保護者が失いつつある自信の回復、（2）合理的配慮の検討、（3）読解スキルを高める指導をおこないました。

パート1では（1）と（2）について紹介します。

（1）自信の回復をねらった学習（漢字の読み書きの指導を通して）

主訴である「漢字の読み書きの苦手さ」に対応する指導を通して、本児の自信を回復することをねらいました。具体的には、本児のもつ「言語理解の高さ」が発揮される学習内容にして、本児が学習中のパフォーマンスを通して褒められる機会がたくさん得られるようにしました。

「次に小テストをする漢字ドリルの漢字が読め、その漢字（熟語）の意味が言える」を目標に、毎回読む練習をしました。学習の手順は以下のとおりです。

①漢字ドリルの（漢字を含む）文が読めるかどうかチェックする。
②漢字ドリル裏のページのひらがなの文を3〜4個ずつ3回読む（ワーキングメモリーの弱さがあるため、一度に読む分量を少なくした）。
③ひらがなを見ながら、言葉の意味を説明させる。知らない場合は教える。
④ひらがなで読んだ3〜4個について、漢字を見せて読ませる。読めない場合は意味のヒントを与える。

それでも読めない場合は再度練習する。

⑤その他の漢字も同様の方法で練習する。先に学習した漢字（特に読み方を覚えにくい漢字）を時々指定して読ませる。

「漢字が読める」「意味が言える」を目標にしていますが、大きなねらいは「本児の自信の回復」です。本児は言語理解の力が高く、③の「意味を説明する」学習活動では、非常に適切な表現で漢字熟語の意味を説明します。

例えば「大規模な工事」という文では「ショッピングモールやマンションなどの、大きな範囲でおこなわれる工事のこと」のように説明していました。すかさず「すごい、完璧。あなたは漢字を読むのは苦手かもしれないけれど、言葉の意味を完璧に理解して、しかも使うことができます」「漢字が読めることと同じくらい、その意味が理解できることは大切です」と伝え、本児の言語理解の高さを評価するようにしました。同時に、「漢字にルビがあって読めたらバッチリわかる、理解できるってことなので、そのあたりはどんどんサポートしてもらったり、ツールを使ったりしたらいいと思いますよ。楽して賢くなりましょう」のような、配慮の勧めについての話もたびたびしました。

また、在籍校の学級担任にも、本児の漢字の読みは苦手だけれど意味の説明は非常に得意である実態を伝え、機会があれば授業中に活躍できる場を与えてやってほしいと伝えました。

（2）合理的配慮の検討

本児の苦手さを補い、得意さを活かすために以下の合理的配慮を検討しました。

①ルビありの教科書紙面提供の依頼

保護者と相談し、在籍校に、教科書のルビあり紙面の提供を依頼しました。堺市で使用している教科書の教師用指導書付属のＣＤに「ルビあり紙面のデータ」があるので、それを印刷して提供してもらうことになりました。授業の進度に合わせて印刷してもらい、授業中や音読の宿題で使用します。

②ルビありのテストへの変更の依頼

①の依頼と同時に、テストもルビありのものに変更してもらうことを依頼しました。

③ＰＣの拡張機能『ふりがな付与機能』の紹介

日本語ＷＥＢサイトの漢字に１クリックでふりがなを付けられる、windowsのchromeブラウザの拡張機能『サテライトオフィス・ふりがな付与機能』（Sateraito Office、２０２０）を紹介しました（写真１）。

「家庭で調べ学習の宿題をする際に、これまでは印刷したものに保護者がルビを振っていたけれど、自分で読んでまとめ

写真１）サテライトオフィス・ふりがな付与機能

ることができた」「宿題だけでなく、自分で関心があること（新型コロナウイルスの情報など）を進んで調べるようになった」との感想を聞くことができました。

❹ 指導後の子どもの様子

漢字の読み書きの苦手さは変わらずあるものの、「テストは裏面（半分は漢字）はやっぱり難しいけど、他はよかったで」のように、自分のできたこと、得意なことに目が向くようになってきました。以前は「算数はマシやけど漢字が……」と「漢字の苦手さ」が本児の意識の大きな部分を占めていました。

読むことの目的は情報を得ること（西岡、２０１９）という本質を指導者が身失わないようにすることを心がけています。そして児童にもそのメッセージを伝え、学びへの意欲を損なわないように、むしろ高めることができるようにすることを大切にしていきたいと考えています。

〈参考文献〉
・西岡友香「ＬＤと判断された子への指導法の在り方とは」、一般社団法人日本ＬＤ学会監修（２０１９）『ＬＤの「定義」を再考する』金子書房、p77―84
・Sateraito Office（２０２０）サテライトオフィス・ふりがな付与機能
https://www.sateraito.jp/Lab/Add_furigana.html（２０２０／12／14アクセス）

山田充のポイント解説

今回は、大切なアプローチとして、通級指導の目標を「自信をつける」に設定した取り組みです。普段、目標として設定しにくいことを紹介してくれます。それは、事例提供の先生は、この事例紹介について次のように書いています。

通級での指導を次の三つに分けてそのうちの二つの紹介としています。

「（1）本児と保護者が失いつつある自信の回復、（2）合理的配慮の検討、（3）読解スキルを高める指導をおこないました。パート1では（1）と（2）について紹介します。」

自信の回復が最初にきています。知的に低くないのに学習困難がある子どもたちは、自分の状態、やってもやってもできない状態であることが理解できるので、意欲低下や自暴自棄になりやすい特徴があります。自信を回復しないといろいろな取り組みの成果は上がらないので、ここで掲げられた「自信の回復」は実はとても大切な課題なのです。本来は、先の「（3）読解スキルを高める」ことも重要で、読解スキルが上がることで自信を回復するというのが大切です。今回は、学年も高く、一刻も早い自信回復が必要と判断されて、ここに的を絞った取り組みを紹介してくれています。ここでは、紹介されていませんが、「（3）読解スキルを高める」についても取り組まれており、〈事例10〉で紹介しているので、合わせて読んでいただくとよいかと思います。

アセスメントの中で、漢字の読みは難しく、そのことで意欲低下を起こしているが、漢字の意味の説明はしっかりできているのに、読みができないことばかりが前面にでて「できない自分」として認識しています。指導の中で、意味をしっかり把握できているかを確認するパートをしっかり取り上げて、できていることを本児も確認できる仕組みをつくって指導されています。課題を細分化し、できているところは、できていると本児が思えるような指導の組み立てがされています。子どもたちは、自信をもてれば、積極的に学び始めることがよくあります。この配慮を他校ですが、通常の学級担任ともしっかり連携して、取り組まれたことで一層自信につながったと思います。通級と通常での合理的配慮の連携がとてもうまくでき、自信につながったよい事例でしょう。

事例10

漢字の読み書きが苦手パート2
読解の学習を通して自信の回復をねらった指導
〈事例9の続き〉

小学6年生・男子（他校通級）

1 通級が必要と判断された状況

「漢字の読み書きが非常に苦手で、漢字以外のテストの点数も悪い」という保護者からの主訴で5年生の時に教育相談をおこない、通級指導を開始。他校通級児童で週1回の指導。

❷ アセスメント情報

・STRAW-R結果

読みの流暢性は単語（ひらがな・カタカナ）、非語（ひらがな・カタカナ）、文章のすべてで＋2SD（非常に遅い）

・ひらがな単語聴写テスト（村井、2010）

拗音の書き誤りあり

指標	合成得点
全検査IQ（FSIQ）	101
言語理解指標（VCI）	107
知覚推理指標（PRI）	102
ワーキングメモリー指標（WMI）	94
処理速度指標（PSI）	96

表）WISC-Ⅳ検査結果

❸ 判断と具体的支援

発達性ディスレクシアの疑いと判断（診断なし）

（1）本児と保護者が失いつつある自信の回復、（2）合理的配慮の検討、（3）読解スキルを高める指導をおこないました。

パート2では（2）と（3）について紹介します。

（2）合理的配慮の検討

本児の苦手さを補い、得意さを活かすために以下の合理的配慮を検討しました（詳細は事例9を参照）。

①ルビありの教科書紙面提供の依頼

②ルビありのテストへの変更の依頼

③ＰＣの拡張機能『ふりがな付与機能』の紹介

（３）読解スキルを高める指導

「漢字以外のテストの点数も悪い」ことでも自信を失いつつあったので、読解スキルの指導を通して本児の自信の回復をねらいました。手順は以下のとおりです。

〔準備〕

①設問集（読み取りドリル）

教科書の内容について問う設問集（読み取りドリル）を作成しておきます。設問は「文章内から答えを見つける設問」「いくつかの文や段落にかかる設問」「語彙に関する設問」などで構成、概ね教科書1ページあたり1枚、10～15問程度つくります（資料）。

②ルビ付き教科書またはマルチメディアDAISY教科書

ルビありの教科書紙面（事例9で紹介）、またはマルチメディアＤＡＩＳＹ教科書（日本障害者リハビリテーション協会）等の音声教材（文部科学省、２０１９）を用意しておきます。視覚的な不注意がある子が使えるように、通級にリーディングトラッカー（写真）が常備してあります。

読み取りドリル　6年　国語　やまなし

113

以下の質問に答えましょう。話して（口頭で）答えます。

1	落ちてきた黒い丸い大きなものを見て、子どもらのかには、何が落ちてきたと思いましたか。
2	本当は、何が落ちてきましたか。
3	月明かりの水の中は、なにでいっぱいになりましたか。
4	（このページに答えがない設問） この場面は十二月です。前の、五月の場面では、水の上から「青光りのまるでぎらぎらする鉄砲だまのようなもの」が飛び込んできました。それは何だったか、覚えていますか。
5	（このページに答えがない設問） 子どもたちやお父さんは、「青光りのまるでぎらぎらする鉄砲だまのようなもの」を見た時に、どんなようすでしたか。 A よろこんでいた　B かなしんでいた　C こわがっていた
6	子どもたちやお父さんは、やまなしが落ちてきたあと、どんな様子でしたか。 A よろこんでいた　B かなしんでいた　C こわがっていた
7	（答えがない設問）（先生ですら答えを知りません） 「ぼかぼか流れていくやまなし」とあります。「ぼかぼか流れる」とは、どんなようすだと感じましたか？
8	「合わせて６つ・・・やまなしの円いかげを追いました」とありますが、何が３つで、また別の何が３つありますか？
9	（答えがない設問） 「天井の波はいよいよ青いほのおを上げ」とありますが、これは、水が燃えたのでしょうか A　もえた　B　もえていない
10	（答えがない設問） 「天井の波はいよいよ青いほのおを上げ」の、「青いほのお」とは、何をあらわしていると思いますか？ A かにの親子の気持ち B 川の上に上がっている花火 C 水面が青く光ってゆらめく様子を「ほのお」にたとえている。
11	このページで、「作者が工夫しているなあ」とか、あなたが「面白いなあ」「不思議な表現だなあ」と思った表現は、ありますか？あるとしたら、そう感じた理由を話してください。

読み取りドリル　6年　国語　鳥獣戯画を読む

142

以下の質問に答えましょう。話して（口頭で）答えます。

1	すもうをとっているのは、だれですか。
2	かえるは、何をしましたか。
3	うさぎは、どうしましたか。
4	うさぎがした、返し技の名前は、なんですか。
5	（文中に答えのない設問です） 「かわず」とは、何のことか知っていますか？ A 川のはしっこ　B 川にすんでいるミミズ　C カエルの昔の言い方
6	「その名はなんと」とあります。「なんと」とおどろいているのは、なぜですか。
7	かえるがウサギの耳をかんだあと、うさぎはどうしましたか。
8	どんな色や線の感じ、筆運びだと、筆者は表現していますか。
9	まるで人間みたいに遊んでいるのは、だれですか。
10	耳の先が黒いのは、だれですか。
11	カエルの体の様子は、どのようだと書かれていますか。
12	筆者は絵を見て、「墨一色。抑揚のある線と濃淡だけ、のびのびと見事な筆運び、その気品。」と評価（ほめること）しています。 あなたはこの絵を見て、「気品」（どことなく感じられる上品な様子。けだかい品位）を感じますか？ 1 感じる　2 少し感じる　3 あまり感じない　4 まったく感じない （話せたら、理由も話してみてください）
13	みんな生き生きと躍動していて、まるで人間みたいに遊んでいる」と筆者は書いていますが、あなたは、「生き生きと躍動」していると感じますか？ 1 感じる　2 少し感じる　3 あまり感じない　4 まったく感じない （話せたら、理由も話してみてください）
14	
15	
16	
17	

資料）読み取りドリル

写真）リーディングトラッカー（写真は2年生の児童が使っているところ）

〔学習の手順〕

①教科書1ページ程度を教師が音読します。視覚的な不注意がある子にはリーディングトラッカーを使います。文中から回答を探しにくい子（文字の音声化・デコーディングが非常に苦手）は、マルチメディアDAISY教科書等の音声教材を使って内容を聞かせます。

②「読み取りドリル」の設問について、児童に口頭で答えさせます。正しく回答できない場合は、答えにあたる文のみ教師が読み、すぐに回答させます。

③たくさんマルがついた「読み取りドリル」のプリントを一緒に見ながら、「読んだことについてよく理解していること」「難しいのは漢字だけなので、そこをサポートしてもらったら『かなりできる』といえますね」のように、モチベーションを高めるやり取りをします。

❹ 指導後の子どもの様子

前述の学習を何度か繰り返すと、次第に「読める」「わかる」「苦手なのは漢字のみ」という自己認識が芽生えつつあるのが感じられました。

学習を始めた当初は「他の子と違うのはちょっと……」と学級での支援や配慮を受けることへの心理的なハードルを感じていましたが、自分のパフォーマンスの高まりの実感を通して、「わかりやすく学ぶこと」への意欲が優先されるようになってきました。

これらの変容より本実践や児童とのやり取りが、読み書き等の学習の指導と並行しておこなわれる、自己理解を深めるソーシャルスキル指導（西岡、２０１９）になっていたといえるかもしれません。

本児がその後、通級した時に、「せんせー、テストで１００点取ったよ！」と、嬉しい報告をしてくれたこともありました。

今後の課題は、これらの支援や配慮が中学校以降も引き継がれ、本児が自信を保ったまま学習し続けられるようにすることです。小中の学校間での引き継ぎと、保護者からの合理的配慮の申し入れ等について相談・検討し、取り組んでいく必要があると考えています。


〈参考文献〉
・西岡友香「ＬＤと判断された子への指導法の在り方とは」、一般社団法人日本ＬＤ学会監修（２０１９）『ＬＤの「定義」を再考する』金子書房、ｐ82
・文部科学省（２０１９）音声教材
https://www.mext.go.jp/a_menu/shotou/kyoukasho/1374019.htm（２０２０／12／14アクセス）
・「マルチメディアＤＡＩＳＹ」日本リハビリテーション協会
https://www.dinf.ne.jp/doc/daisy/book/daisytext.html（２０２０／12／14アクセス）

今回は、事例９の続きです。前回、通級での指導を次の三つに分けてそのうちの（１）と（２）の二つの紹介としたのに続いて

「（1）本児と保護者が失いつつある自信の回復、（2）合理的配慮の検討、（3）読解スキルを高める指導をおこないました。パート2では（2）と（3）について紹介します。」

「読解スキル」を高めるとはどういうことでしょうか。

一般的に学習において、読解は「読んで文の意味を理解する」ことです。読めなければ、理解できない構造になっています。すると、「読めない」子どもは「理解もできていない」と思い込まれている節があり、読めないので読む指導ばかりになって、理解する指導があまりされない、ということが発生します。読めないまま推移すると、理解する力、考える力も育たないということになってしまうのですが、読む力と考える力を切り分けて考えてみると、読めないけれども理解する、考える指導を分けておこなうことができます。その場合、読めないけれども考える力を育てることができるのです。この事例は、まさにこの点について指導し「あなたは考えることはできる子どもです」「ただ漢字を読むのは苦手ですよ」というように、何もかもできない子どもから、できることもたくさんありますよ、という自信をつけていく指導を紹介してくれています。

ここでの支援は高校受験の合理的配慮として、「ルビうちの支援」「読み上げ受験」となっていきます。

このような支援の考え方は、高学年で特に重要になってきます。トップダウンの指導方針の一つとして考えていかなければならないのです。

事例 11

学校不適応を未然防止するために

～「読み書き困難」をともなう生徒に対する支援～

中学1年生・男子

1 通級が必要と判断された状況

学校生活の大半は教科の授業であり、その中で多くのノートテイクがある。

本生徒はは、中学校生活を楽しんで過ごしているものの、「読み書き」に困難さがあるようで、入学当初、授業中はがんばっていたものの、黒板の漢字が読めずに意味も理解できず、作業も追いつけないため、おしゃべりや居眠りが目立ってきた。小学校から学力についてはすでに伸び悩んでいる部分があり、今後それらのことが学力不振をより大きくさせていくことにつながる可能性がある。また中学3年生になると、ほとんどの生徒が高校入試を控えている中、疎外感を感じ学校不適応となる場合も想定しなければならない。

小学校では不適応だった時期もあり、保護者も困っているようであった。特別支援学級での学習もすすめられたことがあったようだが本人は、学習の遅れを感じながらも「みんなと一緒にいたい。そして授業でノートをとれるようにがんばりたい」という思いがあった。そこで「少しずつ書く力を高めていこう」ということで、通級指導教室で放課後の学習を保護者と本人に提案し、校内委員会で了承ももらったうえで支援を開始することとなった。

❷ アセスメント情報

発達検査では平均だった。語彙力、読み書き検査等を実施したうえで、ノートテイクの様子を観察すると、以下のことがみられた。

- 目の動きが滑らかではなく読み飛ばしや多くの板書から目的のものをみつけるまでに時間がかかる。
- 板書事項が読めず、「読み書き」ともに数年以上の遅れがみられる。
- 読めるもの読めないものを問わず、漢字を「記号」のように1文字ずつ黒板を見ながらノートに記している。
- 本人と話し合う中で、「ノートテイクをしていることが勉強」と認識しているようであった。

❸ 判断と具体的支援

検査結果や前述の様子をふまえ、トレーニングと教科学習の土台づくりと補充、合理的配慮の3段階で指導支援を構成した。

①トレーニング

- ビジョントレーニング……2つのペン先を見つめる。ランダムにある数字を、短時間で順番にタッチしていく練習など。
- 漢字の読み書きトレーニング……小学校の内容から、順番に唱えて覚える漢字の練習。

・視写トレーニング……書いてある文章をかたまりで分けて読み、頭に記憶してから、暗唱しながらプリントに書く練習など。

特にノートテイクについては、板書の単語や文章が読めないと滑らかに書けないため、漢字の読み書きトレーニングを重点的におこなった。

②教科学習の土台づくりと補充

・英語のフォニックスや視覚支援での文法のルール理解……アルファベットを読めるようにする。単語と絵のマッチングなど英語に親しむ。
・数量概念獲得と基礎的な四則計算の反復練習

これらの具体的支援を活用して、進度に応じた内容の教科学習をおこなった。

③合理的配慮

・通常の学級入り込みで、ノートテイク支援……トレーニングの内容を生かせるようにし、達成感をもたせる。また、マス目のあるノートを使ったり、線を引いたりなど、書きやすくなるようにする。
・一部ノートテイクの部分を減らし、プリント貼り付け対応……余分な書字を減らし、学習に対する過度の負担を減らす。

・テスト時における、全教科ルビうち対応および読み上げ対応（一部教科）……公立高校入試での配慮は未定であることから、期間限定の配慮として、やがて読める漢字を増やしていくようにする。

④指導後の子どもの様子

通級指導教室での学習や配慮によって、わかることやできることが多くなり、学習に対する自信につながり、授業への集中時間がのびた。そして定期テストの点数上昇にもつながっている。また、特性に応じた学びを通して、自分のできること、できないことがわかり、クラスメイトに「この漢字読まれへん、なんて書いてるん？」と自然にヘルプを求められている。みんなとともに学ぶことから、周囲にとっても他者理解をおこなうよい機会となっている。それらに加え、どうしたら「ノートテイクができるか」といった課題を教師と一緒に考えて実行することで、大人と子どもとの信頼関係構築にもつながり、困ったときに助けを訴えやすくなり、先手の支援につながることも考えられる。

以上の例は、生徒理解にもとづいた指導支援として、問題行動や不登校といった生徒指導上の課題解決につながると感じている。

山田充のポイント解説

この事例で、すばらしいのは、「また中学3年生になると、ほとんどの生徒が高校入試を控えている中、疎外感を感じ学校不適応となる場合も想定しなければならない。」と書かれている部分です。現状の困り感に対応するのは、当然ですが、板書が写せないなどの現象への対応のみだと、早く写せるようになった、まちがわず写せるようになったなど、そのことだけの評価にとどまりがちですが、将来の受験を見据えて、学校不適応にならずに試験が突破できるという評価を加えていることです。つまり板書の課題の成否が将来の不適応にならないようにという視点で捉えることで、子どもへの支援が一連の流れで考えられ、子どもにも目標めざして進んでいることが理解でき、達成感の積み重ねで中学3年生になり試験に向かい合えるという構造です。

次に大事な点は、ノートテイクの様子をしっかり観察していることです。WISC-IVなどの心理検査の結果は、もちろん大切です。しかし、それにとどまらず、ノートテイクの様子を観察することで、目の動きについて困難があることを発見しています。目の動きはWISC-IVではわかりません。WISC-IVの検査結果と目の動きの両方をしっかりとらえることで、より的確に支援方法の検討ができます。

「・目の動きが滑らかではなく読み飛ばしや多くの板書から目的のものをみつけるまでに時間がかかる。

・板書事項が読めず、『読み書き』ともに数年以上の遅れがみられる。

・読めるもの読めないものを問わず、漢字を『記号』のように1文字ずつ黒板を見ながらノートに記している。」

という部分です。

この中の「漢字を記号のように1文字ずつ写している」は、漢字の意味を把握せずに写していることになり、板書を写しても、意味内容は把握しないまま写していることに他なりません。

それに加えて「・また本人と話し合う中で、『ノートテイクをしていることが勉強』と認識しているようであった。」ということは、ノートを書けば勉強しているような気になっているということを表しており、授業中に記号のように板書を写して意味内容が把握できず、さらに書くことに満足感をおぼえている状態です。つまり授業の中で考えて内容理解する姿勢ももてずに1時間すごしていることになります。当然、学習の成果はあがりません。

このようにこの事例では、学習困難の要因を認知や行動の特性一本槍で判断するのではなく、そこから、彼の学びのスタイルにも課題があることを明らかにしています。本人は、努力しているつもりですが、ポイントがずれているために、学んでいるつもりなのになぜか成果が上がらないという状態になっていると分析されるのです。このように子どもの全体像をしっかり視野に入れて分析し、支援方針を立てること、これがとても大切です。

具体的な支援については「❸判断と具体的支援　検査結果や前述の様子をふまえ、トレーニングと教科学習の土台づくりと補充、合理的配慮の3段階で指導支援を構成した。」とあります。学習困難というとすぐに学習支援ということになってしまうケースが全国的にみられますが、まず、弱い認知機能へのトレーニングがベースになります。この基礎的トレーニングがないまま支援に入ると、なかなか成果があがらないのです。その上に教科学習と土台づくりと補充、がきます。具体的にできることを伝えていくことで、意欲が向上します。そして、通常の学級での合理的配慮が最後にあります。ここがとても重要です。

現行の学習指導要領では、通常の学級の授業でしっかり配慮することが明記されています。通級指導の指導で終わらず、通常の学級との連携が支援にしっかり入っていることです。通級ではがんばっているが、通常の学級では成果が見えないというような話をよく聞きますが、これは、成果があがっているとは言えず道半ばです。この点からも、この事例は、次のようなことを大切にした実践です。

「③合理的配慮
・通常の学級入り込みで、ノートテイク支援
・一部ノートテイクの部分を減らし、プリント貼り付け対応
・テスト時における、全教科ルビうち対応および読み上げ対応（一部教科）」
これらの支援や配慮の結果、指導後の子どもの様子のところで試験の点数も上がり、本人の意欲が上がってきているという結果につながってきており、アセスメントと分析が的確だったことが有効に働いています。

事例12 文字を書くことが苦手で数学にも大きな困難があるKさん

中学1年生・男子

1 通級が必要と判断された状況

文字を書く時にA罫からはみ出してしまい書きにくい様子である。文字が乱雑でていねいに書けないと思われてきた。英語でも一般の罫では、そこにおさまらない。

数学では、図形の見取りや表の理解がうまくできていない。意欲低下を起こしており、一刻も早い支援が必要と判断し、保護者に教育相談を進めた。

保護者との教育相談の結果、ＷＩＳＣ－Ⅳ検査を実施し、アセスメントを進めることとした。

❷ アセスメント情報

■ WISC-Ⅳの結果

「知覚推理指標」が非常に低い～平均の下であった。視覚情報を認知する力の弱さが想定される。細部の見落としあり。字や絵などの形を構成することやイメージすることが苦手。視機能検査も実施すると眼球の動きが少しスムーズさに欠けるということがわかった。

■ 日常場面や保護者、小学校の情報

小学校の頃から板書を写すのに時間がかかる。文字が乱雑で読めないことが多いが、声かけをすると文字を少していねいに書けることもある。しかし、時間が空くと書けなくなり元の状態になる。改善が見られない。数学の図形の問題が苦手である。

■ 支援方針

- 通級指導教室の利用の仕方……数学の時間週4時間を通級指導にあてる。授業内容は中学1年数学30分と特性に対するトレーニング20分

③ 判断と具体的支援

■ Kさんへの支援

①A罫の大学ノートであっても、文字が罫からはみ出てしまい書きにくそうにしていたので、罫の幅1cmのものを自作し用意した。

「ていねいに書こう」の声かけだけではイメージがつかめないようだったので、ていねいに書けた文字を指さして「これは何%くらいのていねいさで書いたの？」と聞いてみた。「80%」と言うので、「じゃあこれからは80%で書こう」と指標を決め、声かけを「80%で書こう」に変えた。

②数学の授業は、デジタル教科書を使い視覚的にわかりやすくした。特に図形の授業では理解が進んだ。

③特性に対するトレーニング

- イメージ力をつける
- 集中力をつける
- 言語の力を伸ばす

④合理的配慮（保護者より）

- 本人はずっとていねいな字を書くよう努力してきたので、自尊意識が下がらないために「字が汚いから書き直しなさい」ではなく、「ていねいな字を書こう」と声かけをしてほしい。
- ノートやテストの採点をするときは、多少乱れた文字でも判読してほしい。

■教員間での理解を深める取り組み

通級指導での支援だけでなく、通常の学級での支援も必要であると考えた。中学校は、教科担任制なので、教員全員で以下の取り組みをおこなった。

①平成29年夏季職員研修「授業のユニバーサルデザイン、合理的配慮」

校内で合理的配慮を理解し受け入れてもらうためには、授業のユニバーサルデザインすなわち、基礎的環境整備を整えることの重要性をまず理解してもらうことだと考え、全職員を対象に職員研修をおこなった。発達障害がある生徒の特性や、授業のユニバーサルデザインの具体例、その効果、合理的配慮についてなどきめ細かく講義をした。

②年度始めの「新任・転任の教員への研修」

年度が変わると、構成メンバーが変わるので、引き続き理解を求めることができるよう、新しいメンバーにも毎年同じテーマ「本校の特別支援教育・生徒への関わり方」で研修をおこなっている。

■生徒の情報を共有する

①生徒の特性をアセスメントする（できれば入学前）

- 保護者との教育相談
- 小学校からの情報
- 小学校の通級指導教室担当者からの情報
- ＷＩＳＣ－Ⅳ等の検査結果など

②通級指導教室での指導方針を具体的に決める

- 個別の教育支援計画、個別の指導計画
- 通級指導教室での授業教材を具体的に決める

③情報共有の場の設定

- 年度当初の職員研修……集めた情報を整理し、通級指導教室利用生徒の特性や支援の方法、通級指導教室の利用の仕方などを伝える。
- 生徒指導委員会……月1回、生徒の現状や短期的な変化を共有する。また、新しく利用希望する生徒の支援方法を協議したり、入級の承認をする。
- 職員会議……生徒指導委員会で報告、協議、承認されたことを全体に伝える。
- 学年会議……担任や教科担当の教員と、授業や学校生活の様子を共有する。
- 特別支援教育委員会……学期に1回、生徒の中長期的な変化を共有したり、支援の見直しなどをおこなう。
- 担任との共有……通級指導教室の連絡ファイルを通し、保護者、担任、通級担当で、授業内容や生徒の様子などを共有している。また、口頭で共有することもある。

④指導後の子どもの様子

■支援の成果と課題

Kさんから1年生の3学期はじめに、数学の1㎝罫ノートを市販のA罫の大学ノートに変えたいと申し出があった。4月当初より1㎝罫ノートを使って、ノートの使い方や「80％で書こう」の声かけの成果で、本人もていねいに書ける自信がついたと考えられる（写真）。

英語科では、罫の幅が広いノートを一括購入したので、「ていねいに書けるようになったね」と評価してもらうことが増えた。

まだまだ、ていねいに書けないこともあるが、Ｋさんの教科担任は少し配慮して、ノートや提出物、テストの解答用紙を注意深く読んでいる。

通級指導教室での取り組みが、本人の自信につながり、それを学校全体で共有できれば、合理的配慮も共通理解できるようになる。１年間という短い期間であったが、生徒の特性理解の上で、何をどう支援するのかを具体的に、機会があるごとに伝えていくことが、学校全体で合理的配慮を進めていくベースになるのではないかと考える。

今後も一人ひとりの生徒の特性理解から始める通級指導、そしてその内容を学校全体で共有し、生徒への合理的配慮の理解につなげるという一連の取り組みを続けていきたい。

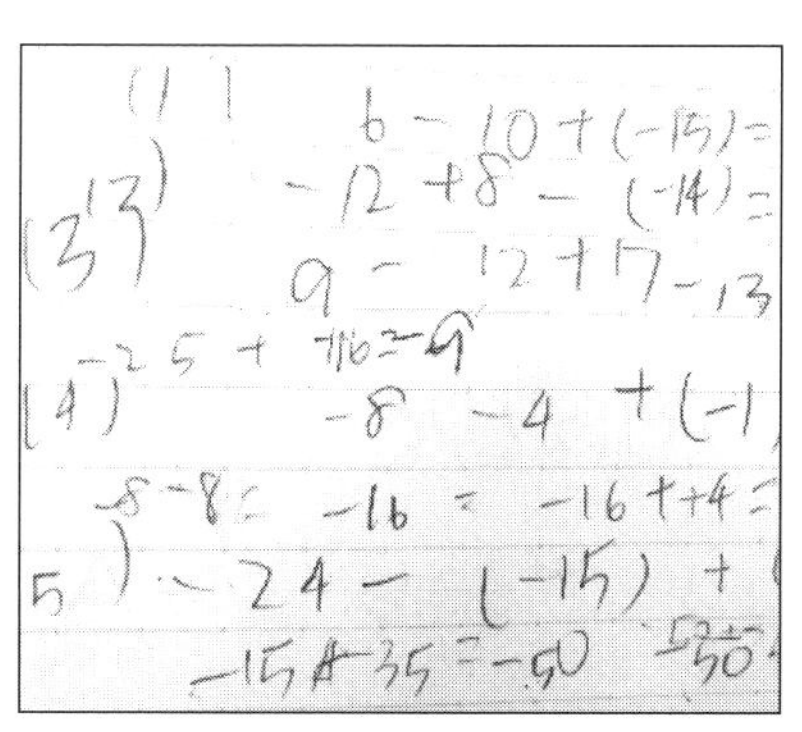

写真）中学１年（４月）

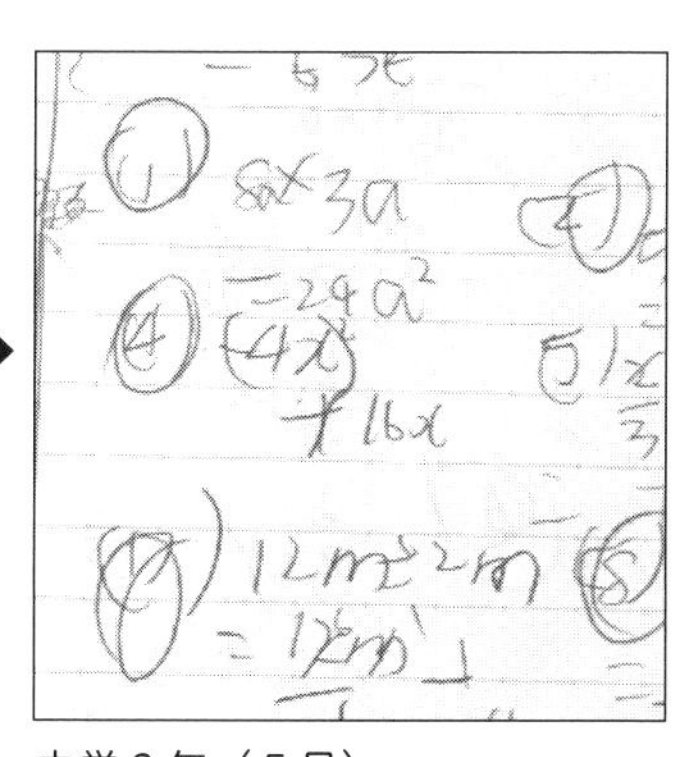

中学２年（５月）

山田充のポイント解説

今回の大きな特徴は、通級時間の思い切った設定と、校内での取り組みです。

文字の問題でも課題がありますが、数学での困難も大きいという事例です。意欲低下が著しく一刻も早い支援が必要と判断されました。

まず、通級時間の設定です。この場合、数学の時間4時間をあてています。通級時間は一般的には週1～2時間が一般的です。それだけ、学習の遅れが顕著で、意欲低下も放置できない状態だったのであろうと推定されます。状況と保護者、本人の了解が必要ですが、この設定は不可能ではないと思います。しかし、大切なことは、この4時間をすべて「学習の補充にあてる」のは、だめだということです。通級指導教室の本来の目的は、「困難の要因を探り、困難の要因に関わる弱い認知にしっかりトレーニングを実施し、本人の課題に向き合う力をしっかり育てて、課題を乗り越える」ことです。4時間、学習の補充にあてたからといって、何も解決しないので、しっかりとアセスメントして要因を探ることです。

本事例ではWISC－Ⅳ検査等の実施をはじめ、きちんとアセスメントを実施して、要因分析をおこなっています。そして、4時間の通級時間の約半分を認知のトレーニングを入れていることがすばらしいです。別の事例でも書きましたが、学習の補充がどうしても必要な時は、認知トレーニングとのセットが必須です。これが、しっかり保障されているところが大切です。

もう一つは、校内での取り組みです。中学校は、教科担任制なので、通級と通常の学級との連携をする時に学級担任とだけの連携では、うまくいきません。学年全体との共有が必要です。思い切って学校全体の取り組みをつくり出しています。

・全体研修
・全体での情報共有
・生徒指導との連携
・特別支援教育委員会での検討

などがおこなわれています。中学校で、こういった特別支援教育の全体研修は、これからのインクルーシブ教育推進のためにも必要です。研修の内容も通常の学級でのユニバーサルデザインの授業をされており、一人ひとりの先生が授業の中での支援方法を具体的に伝えられており、特別支援教育の課題として先生方に示していくために大切だと思います。

本生徒の指導の英語科での大きい罫のノート指導や、本生徒への声のかけ方の共通認識が深められた結果、通級指導の認知トレーニングの成果と相まっていることが伝わってきました。

事例13

行動面の指導 ソーシャルナラティブの活用

小学1年生・男子

❶ 通級を必要と判断された状況

1年生の時に、教室に掲示してある給食カレンダーを集めることにハマる（ジャンケンで勝ったら持って帰れる）。学期がかわり、カレンダーを獲得するジャンケンの文化がなくなった際、黙ってこっそりカレンダーをはがして持って帰ることがありました。

同時期に、クラスの友だちの机の上に置いてあったネームタグを黙って持って帰ったことを保護者が心配し、学級担任と相談して、社会的スキルの学習を目的に通級指導を開始することになりました。

❷ アセスメント情報

■保護者・担任による情報

幼少期から石ころ、きれいな糸などを持って帰って集めておくのが好きだった。

授業中や休み時間に、教師に頻繁に「次は何をするの？」と質問をする。特に初めてする活動の際にその質問が多い。具体的に伝えると「ふーん」と言って安心する。

語彙の理解・使用は問題がなく、流暢に話したり、聞いたことを理解したりする。学年相応の学習内容の理解も問題なし。知的な遅れはないと判断した。

③ 判断と具体的支援

社会的なルールの理解の弱さ、常同的な行動の様子から、ＡＳＤ（自閉スペクトラム症）傾向（診断なし）と判断した。

社会的なスキルやルールの理解の弱さに対して、具体的・視覚的な方法で指導し、理解させる方針を立てました。社会的なスキルについては、困り感に応じてソーシャルナラティブの方法で指導していくことにしました。ソーシャルナラティブとは、ソーシャルストーリー™（グレイ、２００６）を含む支援方法で、社会的な関わりや社会的行動に対する適切な反応を、物語を用いて説明したり、教えたりするアプローチ（一般財団法人特別支援教育士資格認定協会、２０１８）のことです。

本事例における行動の問題を応用行動分析（アルバート＆トルーマン、２００４／大久保、２０１９）の方法で機能分析すると、行動の理由は「モノの獲得（物や活動の要求）」であると考えられました。問題であるのは「黙って勝手に持って帰ること」なので、「先生に欲しいことを伝えて、正当な方法で手に入れ、持って帰る」行動の獲得を目標にしました。

「物には持ち主がいること・適切な方法（欲しいことを伝えてもらう）」についてはソーシャルナラティブを通して指導し、給食カレンダーはコピーを通級に用意しておき、欲しい日は自分で頼みに来させるように

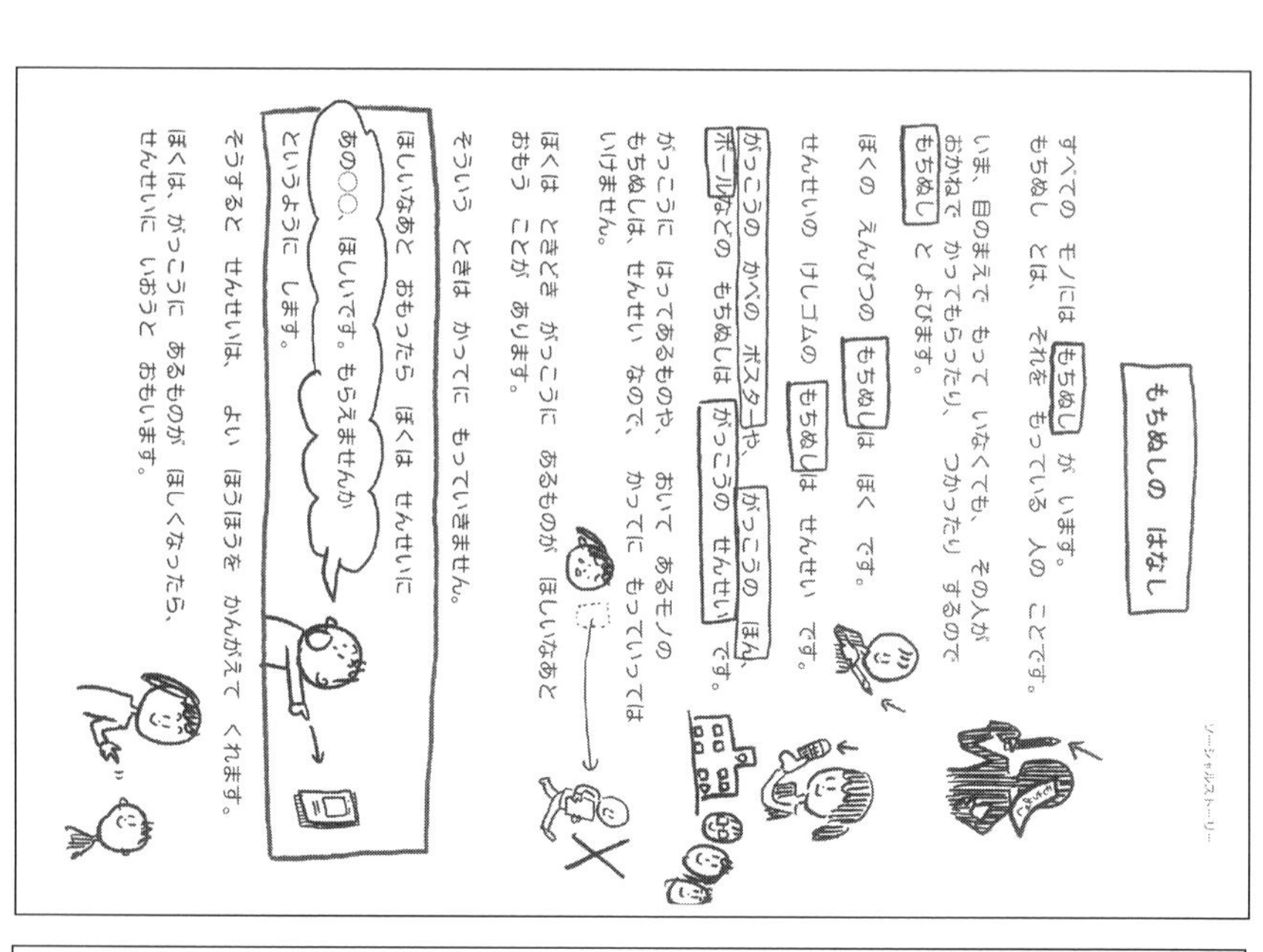

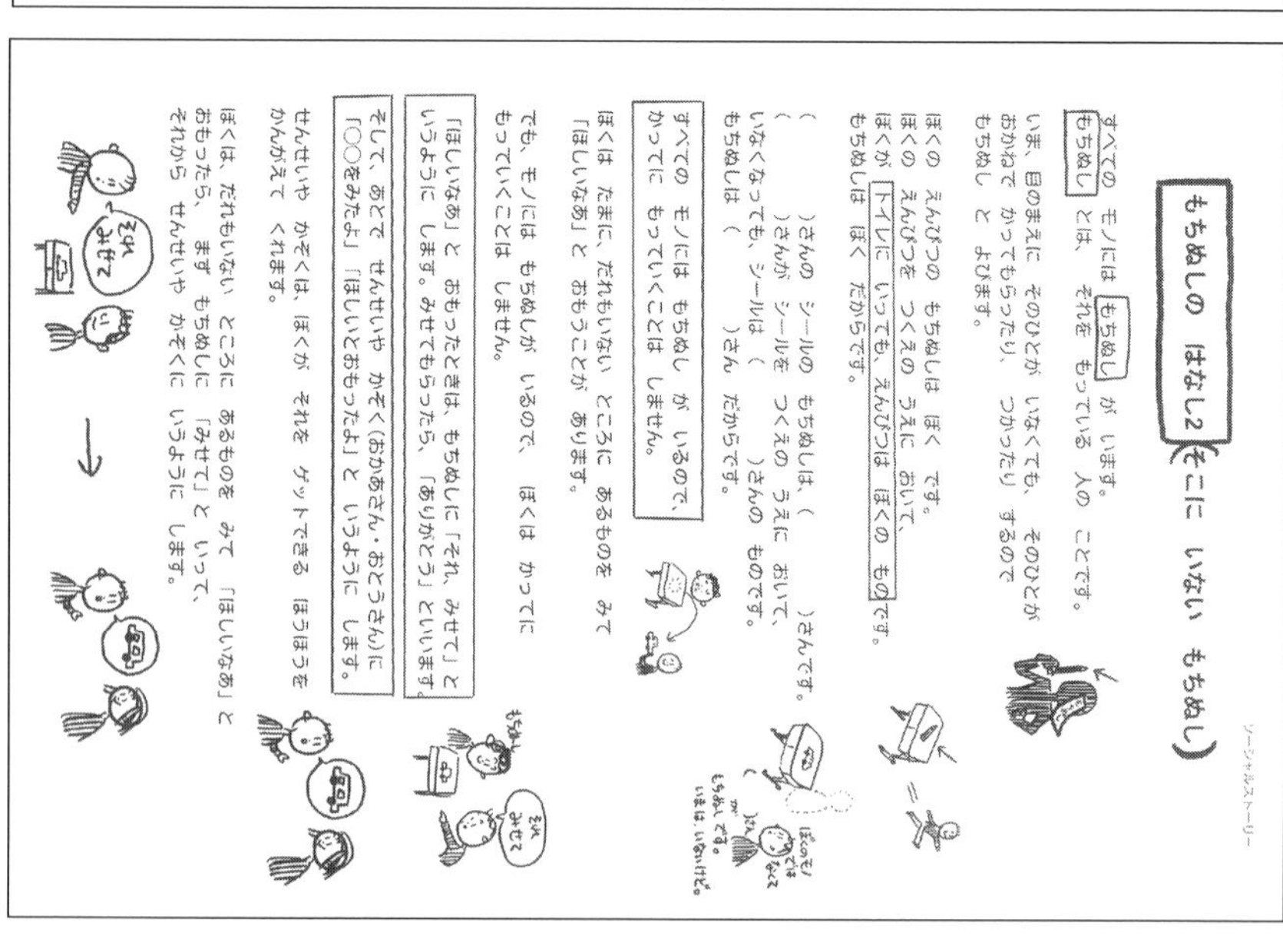

資料1、2）ソーシャルストーリー（もちぬしの話）プリント

しました（資料1、2）。

❹ 指導後の子どもの様子

カレンダーが欲しい日は自分で通級にやってきて、「カレンダーください」と言うようになり、コピーをもらうと嬉しそうに笑い、家に持って帰ってコレクションしているそうです。

「適切な方法を通して必ずカレンダーが手に入る」見通しが持てた後は、給食の前後に安心した表情をするようになったと学級担任が報告してくれました。「手に入るかどうかがわからず、とても不安だったのかもしれませんね」と話し合いました。

その後も本児がわからないことや不安なことがあれば、具体的に伝えたり指導したりするようにしています。

知的な遅れがなく、言語能力が高いＡＳＤ傾向がある児童に対しては、ソーシャルナラティブの方法は非常に有効で、本児以外の子に対しても、日常的に作成し指導に活用しています。

〈参考文献〉
・P・Aアルバート＆A・Cトルーマン（著）佐久間徹・谷晋二・大野裕史（訳）（2004）『はじめての応用行動分析 日本語版 第2版』二瓶社
・キャロル・グレイ（著）／服巻智子（訳）（2006）『お母さんと先生が書くソーシャルストーリー™ 新しい判定基準とガイドライン』クリエイツかもがわ
・一般財団法人特別支援教育士資格認定協会編（2018）『S・E・N・S養成セミナー 特別支援教育の理論と実践 第3版＝指導』金剛出版
・大久保賢一（2019）『3ステップで行動問題を解決するハンドブック 小・中学校で役立つ応用行動分析』学研教育みらい

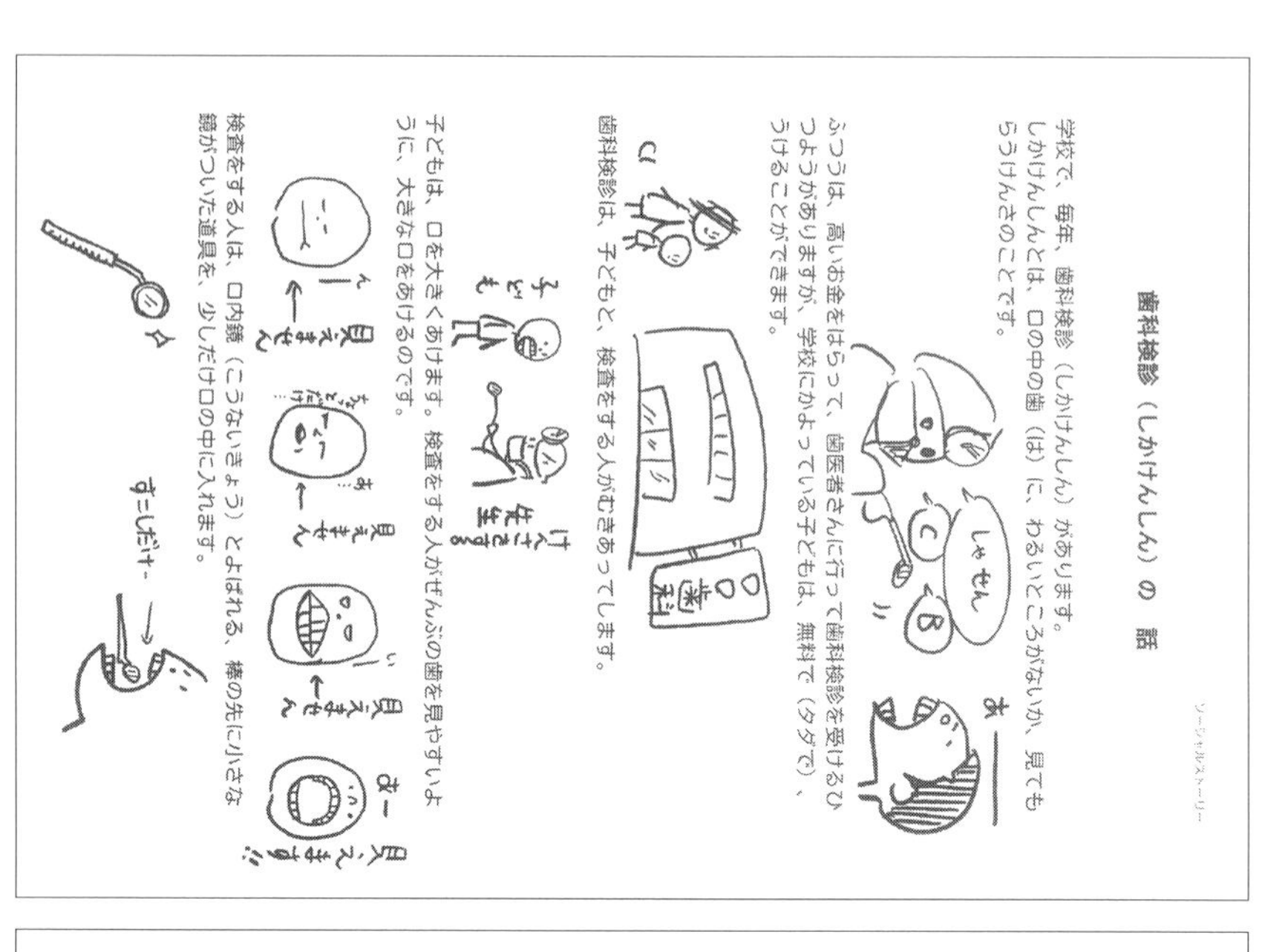
ソーシャルストーリー

歯科検診（しかけんしん）の　話

学校で、毎年、歯科検診（しかけんしん）があります。
しかけんしんとは、口の中の歯（は）に、わるいところがないか、見てもらうけんさのことです。

ふつうは、高いお金をはらって、歯医者さんに行って歯科検診を受けるひつようがありますが、学校にかよっている子どもは、無料で（タダで）、うけることができます。

歯科検診は、子どもと、検査をする人がむきあってします。

子どもは、口を大きくあけます。検査をする人がぜんぶの歯を見やすいように、大きな口をあけるのです。

検査をする人は、口内鏡（こうないきょう）とよばれる、棒の先に小さな鏡がついた道具を、少しだけ口の中に入れます。

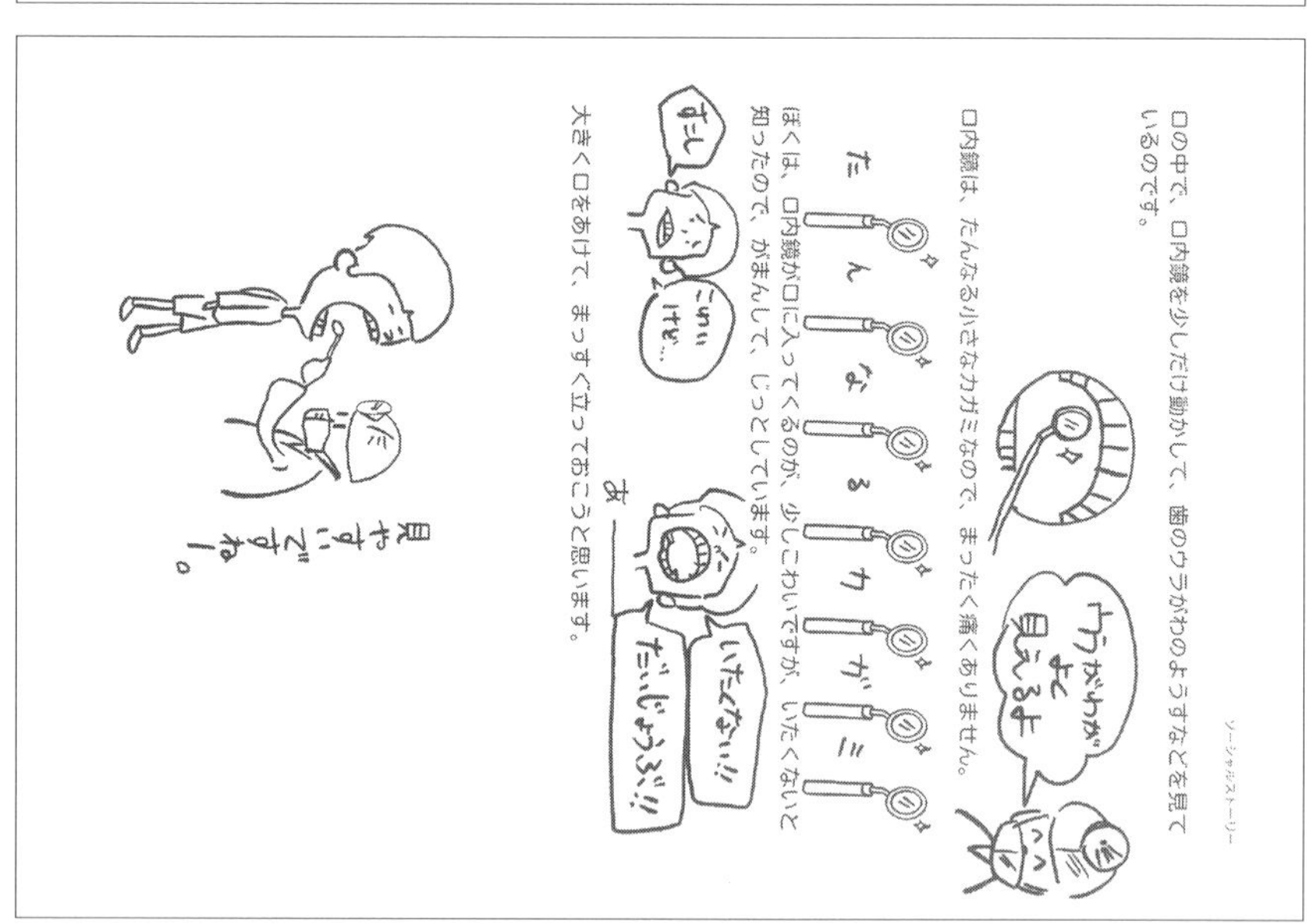
ソーシャルストーリー

口の中で、口内鏡を少しだけ動かして、歯のウラがわのようすなどを見ているのです。

口内鏡は、たんなる小さなカガミなので、まったく痛くありません。

ぼくは、口内鏡が口に入ってくるのが、少しこわいですが、いたくないと知ったので、がまんして、じっとしています。

大きく口をあけて、まっすぐ立っておこうと思います。

資料3、4）ソーシャルストーリー（歯科検診）プリント資料3、4は「本児以外の子に対しても、日常的に作成し、指導に活用しています」の例。ASD傾向の子で、前年度の歯科検診でひどくおびえて大変だった子ども向けに作成。歯科検診の前日と当日の朝に、保健の先生に読み聞かせをしてもらうと、本番では怖さを感じていたものの、グッと我慢することができました。歯科医師もソーシャルナラティブの効果に驚いて、「参考にしたい」と持って帰られました。

山田充のポイント解説

今回は、ソーシャルナラティブ活用事例になっています。ちょっと聞き慣れない人も多いかもしれませんが、文中に紹介が載っています。例のお話もたくさん紹介していただいているので、わかりやすいですね。ソーシャルスキルトレーニングの1つで、お話、物語を通して、ソーシャルスキルの獲得をめざす手法というと理解しやすいかもしれません。

この事例では、指導の先生は本児をASD（自閉スペクトラム症）の傾向と判断されています。私たちは、医師ではないので診断はしませんが、指導するために児童の傾向は、しっかり把握する必要があります。そのための傾向判断です。ASDの子どもたちは、否定されたり、注意されたりすることに拒否感を示すことがよくあります。自分がまちがっていると思いにくいのです。

本児がASD傾向であるならば、今回のソーシャルナラティブの取り組みはその特性に沿ったやり方として有効です。お話しを読むということは、自分のことではなく、人ごととして問題を考えることができます。自分の否定になりにくく、人ごととして、淡々とお話を説明されていくのを、知識として理解することができるところが特徴でＡＳＤの子どもの特性に合っているといえます。もちろん、否定しない方法での支援なので、他の子どもたちにも、受け入れやすい支援方法といえます。

このお話の構成を考える際に、経験と工夫が必要ですが、今回、指導の先生に他のソーシャルストーリーのプリントも紹介してもらったので、是非参照してみてください。

事例14 ノートを書くことが苦手、落ち着きがなく、忘れ物も多いＭさん

小学3年生・男子

❶ 通級を必要と判断された状況

2年生時、ノートの使い方を教えても書けない、行やページを飛ばしてまったく違うところに脈絡なく書く、文章を書いたら意味が通っていない、など学習場面では、計画性や成果物にまとまりがもてない。また、

行動面でも計画性がなく、忘れ物が多い。学級担任が気になることを保護者に伝え、受診につながり、「ＡＤＨＤ（注意欠如・多動症）の傾向があるようだ」という判断で、注意集中のコントロールトレーニング実施のため、通級指導教室での個別指導を開始することになった。

❷ アセスメント情報

思っていることを話すことはできるが前後が入り乱れていて時系列にならない。文章にして書くと、言葉づかいをまちがったり、順序が入れ違ったりと、文章にならない。ノートを書くことが苦手で、どこに何を書いたらいいかわからない。

図工の絵は、全体と部分の比率がバランス悪く、画用紙からはみ出してしまうことも……。物が散らかりやすく、片づけるのが苦手。忘れ物が多い。授業中、姿勢を保つことができず、椅子からずり落ちそうになっている。定規の操作など細かい手作業が苦手。

❸ 判断と具体的支援

ＡＤＨＤの特性である、意識（注意集中）や身体のコントロールの苦手さと持続性のなさがつまずきの要因にあると考え、通級指導教室では、表の内

指標	合成得点	パーセンタイル	信頼区間（95）％	記述分類
全検査IQ（FSIQ）	102	55	97-107	平均〜平均
言語理解指標（VCI）	117	87	108-112	平均〜高い
知覚推理指標（PRI）	89	23	83-97	平均の下〜平均
ワーキングメモリー指標（WMI）	106	66	99-112	平均〜平均の上
処理速度指標（PSI）	91	27	84-100	平均の下〜平均

表１）WISC-Ⅳ検査結果

長期目標	・授業中、姿勢を保って座ることができるようになる。 ・今するべきことに、注意集中を向けることができ、最後まで続けることができるようになる。		
	短期目標	支援内容・手立て	評価
	①姿勢を意識して、「立つ」「座る」ことができるようになる。 ②注意集中を向けて、「見る」「聞く」練習に取り組むことができる。 ③前後の関係や状況に応じ、見通しをもって考えを進め、対応ができる。	①姿勢を保つための、体幹トレーニングをおこなう（写真1）。 ②「見る」「聞く」「記憶する」について、注意集中のトレーニングをおこない、スキルアップをする（写真2、3、4）。 ③ヒントをもとに考え、答えに近づく練習『アインシュタイン式子どもの論理脳ドリル』（実業之日本社）でトレーニングに取り組む（写真5）。	通級開始時には、目標①、②で指導を進めてきたが、落ち着いて座ることができるようになり、忘れ物も減ってきた。教室での学習は落ち着いてできるようになり、3年生から、③を目標に加え、思考のトレーニングに取り組んでいる。

表2）個別の指導計画

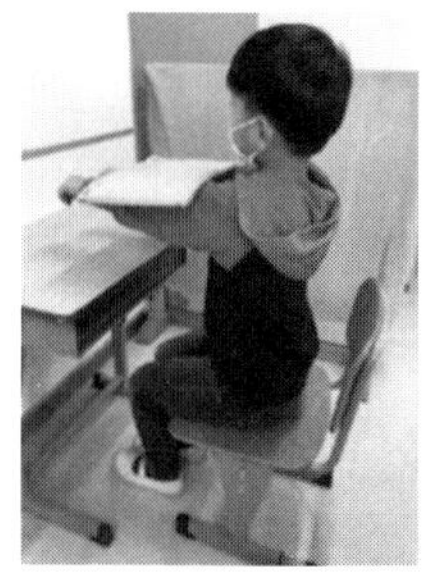
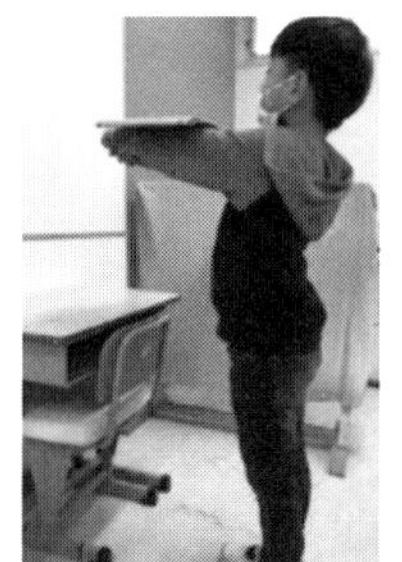

写真1）姿勢体操（体幹トレーニング）

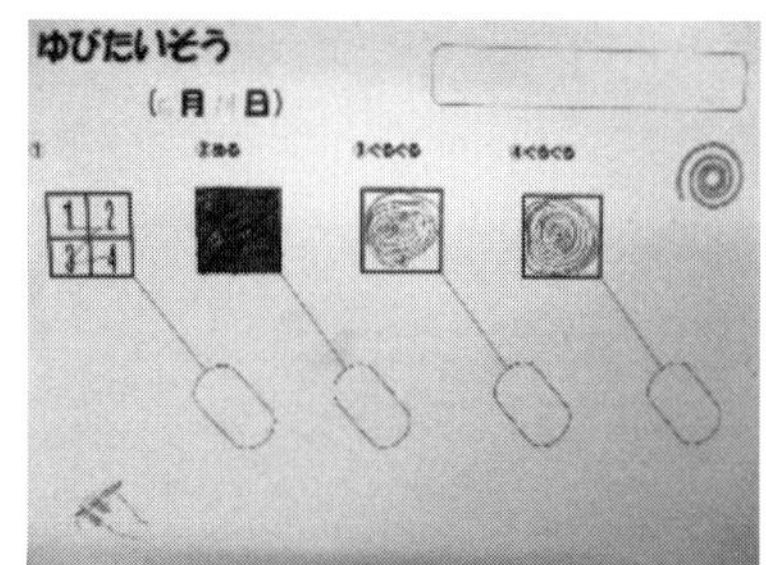

写真2）ゆびたいそう

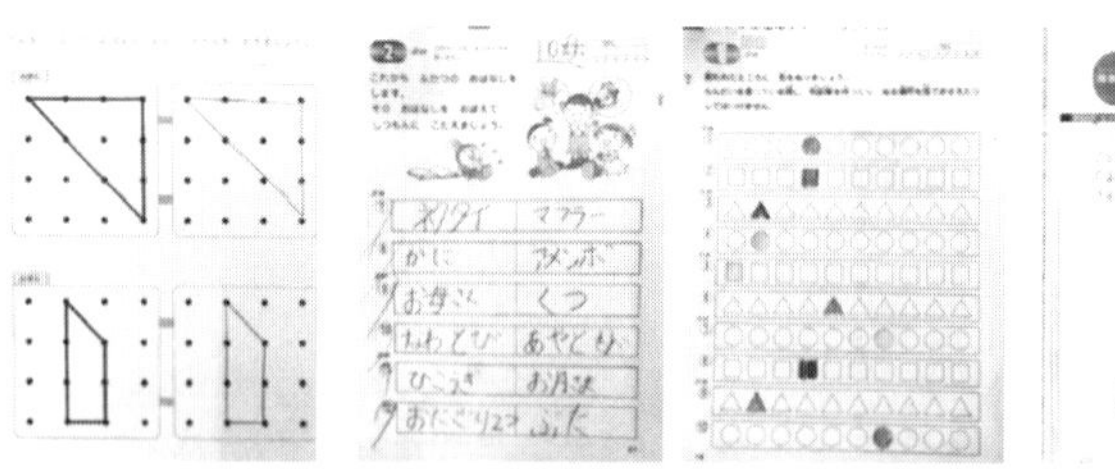

写真3）点つなぎ　写真4）『きくきくドリル』(文英堂)　写真5）アインシュタインドリル

容で指導をおこなった（表2）。

❹ 指導後の子どもの様子

2年生時は、先生に言われた話を「教室を出たら忘れている」「忘れ物をしても、次回持ってくることはできない」と、自分の行動を振り返ったり、見通して計画を立てる力がなく、同じことをいつも注意される「失敗体験」を繰り返していた。注意集中のトレーニング、覚えるための工夫を継続して練習してきた中で、忘れない工夫や意識（注意集中）を向けるスイッチを自分で取り入れて実践するようになってきた。教室で、常にだらんと座っていたが、先生の話に注意集中を向けて聞いている姿が見られるようになってきた。ノートも前から順に必要な部分を書くことができるようになり、書くスピードがかなり速くなった。

注意集中や姿勢の保持がうまくできるようになり、叱られる「失敗行動」の繰り返しは減ってきた。現在は、状況に応じて考えをまとめ、友達同士の会話に参加したり、見通しをもって行動の計画を立てたりできるように、思考のトレーニング『アインシュタイン式 子どもの論理脳ドリル』（実業之日本社）にも取り組んでいる。

山田充のポイント解説

本事例は、エピソードからもＡＤＨＤ傾向が顕著で、保護者と相談した結果、受診をしていただくことができ、「ＡＤＨＤ傾向」という診断がでたケースです。まず、保護者との連携や相談をうまく進めることができて、受診から診断へとスムーズにおこなえました。エピソードも明らかに集中が悪い、衝動的には反応する、順序立てて論理的に考えることが苦手ということがたくさんありＡＤＨＤ傾向がうかがえます。

ここで大事なことは、ＡＤＨＤは受け入れるしかない、改善しないと思っている方が多いのではないかと思いますが、この事例が示すように「ＡＤＨＤは改善する」ということです。ＡＤＨＤの特徴を生かしつつ改善することをめざします。衝動的な反応という特性の強みをいかせば「判断力がある」「決断が速い」などの、よい特性として使うことができるので、特性を消す・治すということは必要ありません。

社会生活を営んでいく上で、社会不適応をおこさない程度にコントロールする力が備われば、強みを生かしつつ社会適応能力を身に付けていくことが可能です。

本事例では、集中力を維持するために必要な体幹のトレーニングを合わせておこないつつ集中トレーニングを実施しています。この二つを合わせることはとても重要で、体幹だけ鍛えても集中力はつきませんし、集中力だけついても、体幹が弱いと維持するのが難しく定着しません。この両者を一緒に指導したところが、成果を上げるポイントになっています。

その上で、３年生から論理的に考える、順序立てて考えるトレーニングプリントを導入しています。一定の集中力がつき、維持する体幹が育ってきた状態で、論理思考トレーニングは効果的になってくることが多いようです。今回の事例では、同時にしたほうがよい指導と、優先順位が必要な指導の具体例が示されたものといえます。そしてＡＤＨＤは、社会的能力を上げることが可能だということを示したといえます。

事例15

ノートを書くことが苦手、場面理解が苦手なNさん

小学３年生・男子

1 通級を必要と判断された状況

就学前から相談機関を利用。「全体の知的発達水準は平均の範囲内である。注意集中のコントロールと視覚認知の苦手さがあり、やや思い込みの強さがある」との所見であった。

入学後、文字の読み書きに苦手さがあり、ノートなどを書くことに非常に苦労していた。文字を枠の中に書くことができない。漢字など覚えて書くことも苦手だった。2年生の1学期、保護者からの相談を受け、校内委員会での検討の結果、通級指導教室での個別指導を開始することになった。

2 アセスメント情報

入学時からひらがな、カタカナ、漢字と文字を書く学習では苦手さを示している。学習の様子では、算数は全般的に得意だが、筆算では、書くマスがずれていて答えが違っていることがある。国語の縦書きが特に苦手で、横書きでも量が多いと書けない。話は聞いているので、発言はする。読むテストでは高得点である。

授業中、集中が続かず離席や手遊びが見られる（表1）。

学習時の読み、書きの苦手さに加え、学校での集団生活では、適切な行動を判断できず、ふざけている子などを真似して、結果的に不適切な行動をしてしまうという課題も現れており、注意集中や社会性の指導も必要と考えた。

❸ 判断と具体的支援

- 通級指導教室では、表2の内容で指導をおこなった。
- 通常の学級では文字の学習や板書の際の支援や配慮を計画した。通級指導教室では、Nさんの苦手さに対するアプローチとして、視覚認知のトレーニング、SSTやコミュニケーションの指導などの個別指導を実施していくことを計画した。

❹ 指導後の子どもの様子

2年生3学期には、学習の様子に積極性と自信が感じられるようになり、同時に「学習への興味関心」「通常の学級への参加意欲」の高まりといえる言動が見られるようになった。学級での学習活動や集団活動に見通しをもって参加することができるようになり、読み書き等の学習スキルもアップした。その結果、自己肯定感が向上し、学級での学習時間を増やしたいと本人が希

指標	合成得点	パーセンタイル	信頼区間（95）％	記述分類
全検査IQ（FSIQ）	101	53	96－106	平均～平均
言語理解指標（VCI）	109	73	101－115	平均～平均の上
知覚推理指標（PRI）	100	50	93－107	平均～平均
ワーキングメモリー指標（WMI）	100	50	93－107	平均～平均
処理速度指標（PSI）	91	27	84－100	平均の下～平均

表1）WISC-Ⅳ検査結果

望するようになった。そこで、通級指導の時間数を1週間2時間から1時間に変更し、指導目標・指導内容の変更もおこなった。

・「(通級の時間を)教室でみんなと勉強したい」との思いが強くなった。

・決められた分量の板書ができるようになってきた。

・通常の学級での「連絡帳を毎日正確に書く」目標が達成できるようになってきた。

・国語や算数など教科

長期目標	・学級での漢字学習や板書など、苦手な読み書きがスムーズにできるようになる。 ・思い通りにならない時も、自分の思いを適切に言葉で表現することができる。		
	短期目標	支援内容・手立て	評価
1学期 ・ 2学期	①場面や状況を理解する(SST)。思っていることを言葉で表現する(表現、COM)。 ②注意集中のコントロールができるようにする(注意集中)。 目と手の協応ができる。見て覚えたことを再生する(視覚・書く)。 ③文字や単語について読みと意味をむすびつける(読む・意味理解)。	①SST絵カード、コミック会話式ワークシートなどを使い、場面理解や状況に合った言動の練習をする。お話サイコロ、表情カードなどを使い自己表現の練習をする。 ②点つなぎなど視覚認知、図形や視覚の記憶、コグトレ、目と手の協応、注意集中のトレーニングをする。 ③漢字イラストカードなどを使い漢字や言葉の意味理解をする。	通常の学級での不適切な行動はほぼなくなった。 毎日連絡帳を書くことが習慣になり、決まった量の板書ができるようになった。
3学期	①長い文章を音読や黙読し、意味を理解する(読む)。 ②自分の考え・感想を言葉で表現する(表現)。 ③単語・文字・記号などを見て記憶し、正確に書く(視覚・書く)。 記憶する方法を自分で工夫する(方略)。	①初見の文章を読み、読みながら意味を理解していく。 ②読んだり聞いたりしたことに対する感想を書く。 ③視覚記憶クイズ、コグトレ	意味を考えたり、理解したりしながら、読む、書くなどの作業がスムーズにできるようになってきた。新出漢字の学習など、記憶する学習場面において、自分なりの覚え方を工夫し、記憶することに苦手意識がなくなってきた。

表2)個別の指導計画

学習の成績が一定してきた。

- 集団の中での不適切な行動はなくなった。

3年生1学期では、ノートに書く量が増えたこと、どこが大切か考えて書くことができるようになったこと、が変化として見られた。Nさん自身「ノートを書くのが早くなったし、字を読むのもすらすら読める。この調子でがんばってみる」と通常の学級での読み書きに自信をもてたようで、通級指導は3年生1学期で終了した。

山田充のポイント解説

本事例の大事な点は、いくつかありますが、一番に上げられるのは、アセスメントが正確であったところです。WISC－Ⅳが取られており、指標得点で全体、言語理解、知覚推理、ワーキングメモリーなどが100あり平均の範囲であり、処理速度も91で、指標得点の中では、低かったがそれでも平均の範囲にあったということがあります。知的には問題がまったくないのに、学級での学習の状況や、行動の様子では、うまくいっていないのです。この状況は、知的な問題からくるのではなく、別の要因からくることがこの段階で想定されます。学級での様子から、困難な部分をしっかりと明らかにして、表にまとめられている通り、通級の課題にそれらをすべて網羅する形で、取り入れて指導がスタートしています。

通級の指導の考え方で、明らかになった課題はすべて支援の課題としてあげることが必要だと私は考えています。特に知的な問題がない場合、スキルが習得できていないために、やってもできない自分が理解できるために、意欲低下を起こしてしまうことはよくあります。本児も、これらの指導をおこなった結果と、その後の様子にこのことが特徴的に表れています。1・2学期や3学期の評価のところに書かれているように、「通常の学級での不適切な行動はほぼなくなった。毎日連絡帳を書くことが習慣になり、決まった量の板書ができるようになった。」「意味を考えたり、理解したりしながら、読む、書くなどの作業がスムーズにできるようになってきた。新出漢字の学習など、記憶する学習場面において、自分なりの覚え方を工夫し、記憶することに苦手意識がなくなってきた。」

というように成果が上がっています。知的には問題がない本児の困難さは、スキル不足からくる意欲低下にあったことが推定されます。通級でしっかりとトレーニングが実施できて自分でもできるという自信がついてきたことが改善のポイントだと思います。その後の通級での指導の本人のやる気を反映し、通級の時間を減らして通常の学級でがんばれるようにしたことも大切です。最初に計画を立てた時にも、学級での支援についても決められていたために、本児の学級でがんばりたい意欲向上にもスムーズに対応できたのだと考えられます。

事例16

気持ちのコントロールが難しい児童への支援について

小学5年生・男子

1 通級を必要と判断された状況

保護者と学級担任から4年生1学期の個人懇談後、教育相談の希望があり話を伺った。

本児は、1年生の頃から国語が全般的に苦手で、特に漢字を覚えられなかった。言葉で指示されると理解が難しい時があり、会話では、言葉を字義通りの意味でとらえてしまい、トラブルになることがあった。他の子どもに注意した時でも自分が注意されたと捉え、気持ちが混乱することがあった。

4年生頃から、集団活動や学習に落ち着いて参加することが難しくなってきた。イライラして物にあたったり、暴言を吐いたりすることが増え、テストで答えがわからないと破ってしまうこともあった。それらを注意すると、さらに行動がエスカレートし最後は混乱状態になり教室から飛び出すことが多くなった。自分に対して自信がないような言動も見られた。

本児自身との面談では、自分が何に対してイライラしてしまうのかがわからない、泣いて周りにあたってしまうことを止めたい、漢字が覚えられないからテストができないなど、悩んでいることを話してくれた。

教育相談やアセスメントから、気持ちをコントロールして落ち着いて活動に参加できるように支援すること、学習で苦手とすること（漢字や言葉の意味理解、言葉で表現する力）を個別のトレーニングを通して伸ばし、自信をもたせることなどの支援の方針が定まり、通級することになった。

❷ アセスメント情報

ターゲットを目で追う方法で、眼球運動について調べた。その結果、水平・垂直・斜めの各方向の動き、円周運動などで、眼球だけを滑らかに動かしてターゲットを目で追うことが難しかった。

行動観察では、学級担任と連携し、イライラが高まる場面を明らかにするために、毎時間本児の様子を3段階で記録した（落ち着いて参加できた、イライラすることが見られたが参加できた、イライラして参加が難しかった）。行動の背景につながった状況などがわかる時は記録した。その結果、国語では（休み時間や体育の待ち時間も含めて）自由になることが増える時間や授業などで、イライラして参加が難しくなることが多かった。算数は本児の得意とする教科で、発表をするなど、意欲的に参加する姿が見られた。また、登校時、気持ちが落ち着いている時と、そうでない時とがあり、その日1日の調子に関わるようだった。

指標	合成得点
全検査IQ（FSIQ）	87
言語理解指標（VCI）	86
知覚推理指標（PRI）	93
ワーキングメモリー指標（WMI）	94
処理速度指標（PSI）	86

表）WISC-Ⅳ検査結果

❸ 判断と具体的支援

4年生の2学期から通級指導を開始する。

（１）気持ちのコントロール支援

・自分の気持ちの変化に気づけるようにする。

気持ちのものさし（０～４の数値と、それに伴った表情のイラスト）を使って、イライラの強さを５段階で表す。０は落ち着いている。１・２・３・４と数値が大きくなるごとにイライラのレベルは強くなる。

・イライラの気持ちに対処する方法を身につける。

集団活動や授業に参加することが難しいときのイライラレベルを尋ねると、２以上の時が多かった。そこで、ヘルプカードとして、表情のイラストカード（イライラのレベル２と３）を使い、先生や友だちに気持ちを伝える方法を指導。２のカードで伝えてきた時は、教室で落ち着けるように自分の好きなアニメの本を見る。周りは話しかけないでそっと見守る。３のカードの時は廊下に出て落ち着く。それでも難しい時は、別の教室に移動してクールダウンする。

・学級の友だちに本児の特性を知ってもらい、また表情のイラストカードの意図を理解してもらうために、通級担当者が本児や保護者の了解を得て説明した。

・がんばりを集めるカードにシールを貯める。

本児と担任、通級担当者で授業やクラス活動、休み時間などでの目標を決める。目標が達成されたかを毎日振り返り、達成されていればシールを貼る。周りの先生や保護者とも連携、協力し、がんばっていることを褒めてもらう。シールが一定数貯まれば、次の目標を立てる。

（2）漢字や言葉の意味理解、言葉で表現する力を伸ばすために

- 眼球運動や目と手が協応する力を高める（追視、ジオボード、迷路課題）。
- 形や位置関係を捉えて写す（点つなぎ）。
- 集中して形の細かな違いに気づく。言葉で説明する（まちがい探し）。
- 意味を表すイラストと読み方や熟語を結びつけて漢字の形を覚える。漢字のパーツを意識できるようにする（漢字イラストカードや漢字パズル）。
- 語彙を増やし、言葉の意味理解を深める（スリーヒントクイズ、クロスワードパズル、連想する言葉を答えていく課題）。
- 言葉で表現する力を高める（日常場面の一コマの絵を提示し、読み取ったことを5W1Hに気をつけて、文章にまとめ発表する）。

❹ 指導後の子どもの様子

（1）気持ちをコントロールする力

〈入級～4年生の10月頃〉

今まで、イライラする気持ちの強さによって、どのような行動をしていたのかを、自分の経験と結び付けて話すことができた。イライラレベル3の暴言や物にあたる、レベル4の混乱状態になる時には、自分自身でイライラをコントロールすることができないということで、周りにヘルプを出す方法を考えた。言葉で伝えることは難しいとのことだったので、カードを使ってヘルプを出す方法から始めた。周りの友だちの理解

も得るために、自分の気持ちをコントロールすることが難しく、今練習中であること、イライラした時には、話しかけずそっと見守ってほしいことなどを学級の友だちに説明し、表情カードの意図も伝えた。

〈10月〜12月末頃〉

本児は周りの理解を得ることで、安心してヘルプが出せ、混乱状態になることが減っていった。また、混乱状態になったとしても、別室に移動し、気持ちが切り替わるまでの時間が速くなった。あらかじめ、イライラのレベルによってどのような対処をするのかを決めておくことで、本児だけでなく、担任や専科の先生も同じ対応がスムーズにできるようになった。注意することが減り、よい循環が生まれ、落ち着いて授業や活動に参加できることが増えた。

〈4年生1月〜3月末〉

5年生までに、どの授業でも落ち着いて参加し、係活動をがんばりたいと、目標をもって学校生活を送るようになった。目標が達成され、がんばりシールが集まると自信につながり、友だちとの関わりや学習に対しても前向きに捉えられるようになってきた。漢字学習も取り組むことができるようになり、以前は十数点しかとれていなかった漢字のまとめテストでは、50点ほどとれるようになった。3月頃になると、気持ちがイライラする時も、好きな本を読むなどして、自分で気持ちを落ち着かせて、授業に参加できるようになった。

5年生でも引き続き、イライラの対処法を自分で使い、落ち着いて学校生活を送ることができている。

3年生や4年生の頃の自分のことを思い出し話す時がある。今はもう大丈夫と笑顔で話し、学習にも意欲的に取り組んでいる。

（2）漢字や言葉の意味理解、言葉で表現する力

通級での個別指導では、眼球運動もスムーズになり、図形を写す力が伸びた。状況を文章にまとめて説明することもできるようになった。

漢字イラストカードなどで、習った漢字の復習を意欲的におこない、3年生までの漢字は一通り覚え、書いたり読んだりすることができるようになった。学級での漢字学習も、熟語や文づくり、1文字をていねいに書く練習に取り組み、まとめテストでは6割ほどの点数をとれるようになった。また、知っている語彙や言葉の意味理解も少しずつ増え、国語の授業で毎時間、自分の意見や振り返りを書くことができるようになった。

山田充のポイント解説

本事例は、ベースとして、漢字が覚えられない、言語による指示が理解しにくい、字義通りの解釈があるなどの状況がありましたが、その問題が解決しないままに学年が進んでしまい、その結果、イライラが増し感情コントロールができなくなってしまったケースです。

このような場合、感情コントロールができず、イライラして手がつけられなくなる状況ばかりが目につくため、対応がそこに集中しがちです。しかし、最後に状態が改善し落ち着いて学習に取り組むことができるようになっています。

なぜ、このように成果をあげる対応ができたかというと、それは、さりげなく最初に書いてありましたが、過去にさかのぼって1年生の状況をしっかり明らかにしたことです。漢字が覚えられなかった、指示が通りにくかった、字義通りの解釈があったというところがそれにあたります。目立つような行動はなかったかもしれないが、学習困難な状況について、さかのぼって、アセスメントできているところがすばらしいです。行動の問題であっても、広くアセスメントし、学習課題の有無を調べるのは必須です。そこに課題があることを見つけ、学習上の改善にしっかりと時間を使っていることが大切です。

さらに問題行動の解決のために、行動観察も念入りにおこなっていることです。「行動観察では、担任と連携し、イライラが高まる場面を明らかにするために、毎時間本児の様子を3段階で記録した（落ち着いて参加できた、イライラすることが見られたが参加できた、イライラして参加が難しかった）。行動の背景につながった状況などがわかる時は記録した。」この3段階で観察したこと、行動の背景も記録していることがとても大事です。

このことを踏まえた指導で本人も自分の状況を冷静に見つめることができるようになっています。本人の努力する目標が具体的に提示されたため、がんばれていて、さらに、このような取り組みが先生だけでなく、周りの子どもたちにも説明し理解してもらえることができています。周りの子どもたちの理解は、支援をおこなっていくためには、とても重要です。

本事例は、対応の基本をきちんとおさえているため、成果を上げることができたと考えられます。大事なポイントをここに書き出しておきます。参考にしてみてください。

- アセスメントは、気になるところだけではなく、学習の様子も含めて広く実施する。
- 過去の状況もしっかり把握する。
- 行動観察をしっかりおこない、背景要因も分析も一緒におこなっている。
- 本人の努力するべき課題がステップで示されており、何をがんばるかが明白である。
- 周囲に彼への支援が共通理解されるように配慮されている。彼の取り組みへの応援が組織されている。

事例 17

吃音とうまく付き合っていくために
～通級指導教室と通常学級とスクールカウンセラーの連携より～

小学4年生・男子

1 通級を必要と判断された状況

2年生の3学期に、学級担任より吃音がひどいので、ことばの教室（通級指導教室）で「治してほしい」と教育相談の依頼をうける。保護者と担任と教育相談した結果、本児は吃音を、あまり気にしていない様子であることや、小学校での日常生活での困り感があまりないことから通級は見送ることとなった。

3年生で、学級児童の前で音読をする時や発表をする時に、話すことが嫌で涙ぐむことが多くなるが、発表の場面以外は学級で楽しく過ごすことができていた。

4年生のコロナ休校明けの1学期6月。これまでは、放課後、友達と遊ぶことができていたが、コロナ禍での自粛をきっかけに、まったく友達と遊ぶことがなくなってしまい自宅で過ごすことが増える。自粛期間が終了し登校がはじまっても、その状況は変わらず、放課後は自宅から出て遊ぶことがまったくなくなってしまう。

また、学級でのスピーチをすることが嫌と言って、学校を遅刻したり休みがちになる。4年生1学期後半に再度教育相談をおこなう。保護者の話から、本児がことばの教室に通い、話がスムーズにできるようになりたいと話していることなどを考慮して通級することとなる。

2 アセスメント情報

授業観察においては、板書もしっかりと写し意欲的に授業には参加しているが、挙手はほぼゼロであった。また、席が隣同士の子と自分の意見を言いあうときも本児から話すことはほとんどなく時間をやり過ごしている。その場をなんとか必死で乗り切ろうとしている様子で、クラスの中でも、少し緊張しているように見られた。

特に月曜日が多いが、朝、お腹が痛い、宿題ができていない（できていないと担任に怒られるのが嫌である）、連絡帳を写していないから宿題ができていない（後日、わかったことだが、一度書いた連絡帳の宿題を本児がわざと消していることもわかった）。学びの診断テストが嫌など理由をつけて学校を休みたいと言うようになる。

保護者は、泣いている児童と一緒に校門まで付き添って登校をする時が何度もあった。

3 判断と具体的支援

校内の特別支援委員会で情報共有をし、児童の困り感をアセスメントした。ことばの教室では、吃音を治すことを目的とするのではなく、自尊心が低下していることもあり、まず授業時間中には、今できていることをその都度褒めることを目標とした。登校渋りの理由として、「宿題」というキーワードがよく出てくることから、ことばの教室で学校の宿題を理解できているか様子を見ることにした。課題としては、集中トレーニング（点つなぎ）、まちがい探し（どこがまちがっているかを話してもらうが、単語や一言だけで言うように練習）、ひらがなカード音読、教科書の音読（グループで一文交代読みをする。指導者と交代読みをするなど）、クイズを考えて問題を出す。なぞなぞ、お話サイコロなど、短く自然に話すことができる課題を多く考えて取り入れた。

4 指導後の子どもの様子

ことばの教室には、意欲的に週1回授業を受けに来る。授業回数が増えるごとに、話をする時間が少しずつ増えるようになった。遅刻の回数、欠席日数も少しずつ減ってきた。保護者にスクールカウンセラーの紹介をおこない、カウンセリングの予約を設定し、保護者自身の思いを聞いてもらう機会を得る。宿題を見ていると、プリントやドリルなどやるべきことがはっきりとわかる課題はスラスラとできるのであるが、明日のテスト勉強・テストのまちがい直し・イメージマップ（1つの言葉から連想してさまざまな言葉をつなげること）を使った作文の宿題などについては、つまずきが見られた。イメージマップが苦手なことから、ことばのテーブルの教材を使用して関連する言葉をつないでいく練習をすると、作文もスムーズに書けるようになってきた。

テスト勉強は、まとめ方が難しいようで、まとめのページを写すことでＯＫ（学級担任からも直接話をしてもらう）だと伝えると安心してできるようになる。テストのまちがい直しは、正答がわからない（自信がないので、不安で仕方がない）、宿題ができないから担任の先生に怒られる。そのため、学校を休みたいという訴えがあるから、テストの回答がある場合は、学級全員に回答を配布して、不安な場合は回答を見てもいいこと、写してもいいことを伝えると安心して取り組みができるようになった。

登校渋りの理由の一つであった学級で取り組んでいるスピーチについては、担任の先生からことばの教室でスピーチの練習をしていることを学級の児童に話をしてもらうことで、学級でのスピーチをいったん本児のみ免除することでスピーチのある日でも本児がプレッシャーを感じることなく登校できるようになった。

■今後の課題等について

担任の先生から怒られるというキーワードがよくでてきたが、本児はまったく怒られるような行動をしていないことも、担任や保護者の聞き取りからわかった。よく本児の話を聞くと、他の児童が怒られている姿を見て自分が同様に怒られるのではないか……ということが怖いと思うようになっていることが判明した。本児の受け止め方・認知の偏りの修正をおこなっていきたい。また、不安感がなくなっているわけではないので、さらに解消する方法を本児や担任、保護者、スクールカウンセラーと連携をすることで取り除くことができればと考えている。

山田充のポイント解説

吃音があったが、その背景要因が、その後、他の症状にもなったという事例になります。吃音の指導については、いろいろな考え方がありますが、主流の考え方は、吃音そのものを指導することはしないことになっています。なぜなら、吃音は治そうと意識すればするほど、治らなくなることがしばしばみられるからです。なぜ吃音になるか、これも専門的な研究がさまざまにおこなわれています。話す時のリズムがうまく取れない、考えるスピードと話すスピードに差があるために、話す時につっかえるなどありますが、うまく話そうとすればするほど話せなくなる、自然な状態での発話がむずかしくなるのです。

様子を見ましょうということの背景には、小児吃音は、発達や成長に従って消えていくことが多く、治そうとすれば、ひどくなることも考えられるので、指導せず様子をみるのは、妥当な判断といえます。そのような場合、本人につまっていることを意識させない関わり方ということが大事になります。保護者や先生が関わる時に子どもがつまった話し方をした時、「もう一度言ってみて」は禁句になります。言い直さなければならないと感じた時点で「吃音を意識する」ということになります。ですから、もう一度言い直させるのではなく「〇〇ということ？」というようにこちらが内容を類推して、確かめる話し方をすることで、吃音を意識させない関わり方になっていきます。吃音の指導はしないが、まわりの関わり方の配慮は必要なのです。

私が、吃音がある子どもの指導をした事例を少し紹介します。2年生・男子で、保護者から吃音で相談がありました。最初は原則通りに、指導せず関わり方の助言をしましたが、どんどんひどくなってきたので、やむなく通級指導することになりました。その際も「吃音の指導」を掲げず、別のことを指導することにして、指導を開始しました。本人と話す中で、3学期に1年生にいろいろな遊び方を紹介する行事が予定されていて、コマ回しを披露する担当になっていることがわかりました。そのことも心配の種だったようで、通級指導の大半をコマ回しの練習をすることにしました。ひもをきつく巻いて外れにくくすることから始めて、百発百中で回せるように練習しました。その延長線で、コマの手乗せを練習し、最初は、床で回っているコマを手ですくうことから始めましたが、最後は、回したコマを空中で受け取る練習をして、これをマスターしました。発表会の当日、これを成功させ、みんなから大絶賛でたくさんの拍手をもらいました。その日以降、彼の吃音は消滅しました。

本人が吃音を意識し、うまく話そうとすればするほど、ひどくなりましたが、がんばって練習した結果、大成功をおさめみんなから認めてもらえることで、自信につながり、些細なことが気にならなくなり、消えていったのだと考えています。

私の事例からもわかるように、吃音がなかなか解消しないことの背景には、不安がつきまといますし、本文の事例からも読み取れます。本人が吃音を気にし始めて、話さなくなる様子がしっかり観察されています。意識し始めてマイナスの状態に入り始めるとどんどん悪化していくことがよくわかります。また自分が悪くないのに先生がこわいとか、叱られたらどうしようなどと思うことは、不安が強い子どもによく見られる現象で、本児もまさにそうした不安が強い子どもだということがわかります。

本事例の判断のところで「ことばの教室では、吃音を治すことを目的とするのではなく、自尊心が低下していることもあり、まず授業時間中には、今できていることをその都度褒めることを目標とした。」ということは、先の紹介した考え方に沿ったものだということができます。「登校渋りの理由として、『宿題』というキーワードがよく出てくることから学校の宿題をもってこさせて、ことばの教室で学校の宿題を理解できているか様子を見ることにした。」の取り組みも安心から自信につなげるためには、必要です。「課題としては、集中トレーニング（点つなぎ）、まちがい探し（どこがまちがっているかを話してもらうが、単語や一言だけで言うように練習）、ひらがなカード音読、教科書の音読（グループで一文交代読みをする、指導者と交代読みをするなど）、クイズを考えて問題を出す。なぞなぞ、お話サイコロなど、短く自然に話すことができる課題を多く考えて取り入れた。」という部分も短く自然に会話する機会を増やすことで、うまく話せているという経験を蓄積させて気持ちの安定を図る取り組みとして有効です。取り組む方向性が安心安定、自信をもつことに主眼を置くことが改善の方向を担っていることは明白だと思います。

子どもの状態が大幅に改善してきた中で、今後の再発・悪化を防止するために、担任、保護者、スクールカウンセラーとの連携もこの観点で共通理解することが重要になってきます。

事例18

言いたいことがうまく伝わらない

小学5年生・女子

1 通級を必要と判断された状況

保護者から、言いたいことがうまく伝わらない、聞く側からすると「何を言いたいのかよくわからない」

という理由で小学4年生の3学期に相談に来られた。

■保護者からの主訴

- 国語力・言葉の面で気になる。
- 話が支離滅裂で、上手に説明できない。
- 助詞の使い方が苦手。自分がお兄ちゃんからもらったのに、「お兄ちゃんがお菓子にもらった」などと話す。
- 女の子と話すより、男の子と遊ぶほうが好き。
- 普通の物語より、『おもしろい！ 進化のふしぎ ざんねんないきもの事典』（高橋書店）のような種類の本が好き。

■WISC-Ⅳの結果

- 言語理解指標では、「単語」や「理解」は標準だが、「類似」「知識」が低い。
- 知覚推理指標では、「絵の完成」以外はどれも低い。
- ワーキングメモリー指標（WMI）では、特に「語音整列」がかなり低い。

指標	合成得点
全検査IQ（FSIQ）	87
言語理解指標（VCI）	97
知覚推理指標（PRI）	80
ワーキングメモリー指標（WMI）	73
処理速度指標（PSI）	104

表1）WISC-Ⅳ検査結果

❷ アセスメント情報

保護者からの主訴、担任の話、検査結果から課題とされる事項

- 集中が続かない。
- 自分の気持ちや状況をうまく説明できない。

・空間認知が弱い。

③ 判断と具体的支援

■支援のための方法、方略

・集中力のトレーニング。
・形をとらえたり区別したりするトレーニング。
・語彙を増やし、文章や会話のトレーニング。

■指導の手順と実際

1月末に教育相談を受け、検査、支援委員会での検討後、「通級を勧める」ための結果面談を保護者と月末にし、できるだけ早く通級してもらうことで進めたが、実際に通級教室での指導を始めたのは、コロナによる休校が明けた6月だった。本児の課題は、集中・空間認知・語彙・説明力なので、それらをトレーニングするために次のようなプログラムを組み立ててみた。

①まちがい探し
②点つなぎ
③絵の線むすび
④絵カード
⑤絵の説明文

⑥絵を見て文を書く
＊ビジョントレーニング

当初はこの6種の課題プリントと＊のビジョントレーニングをした。どの課題にも興味をもってくれ、やり方に慣れるとどんどんスピードが上がった。そこで、論理的に〝ものを考えたり文章力を上げる〟ために、『アインシュタイン式論理脳ドリル』（実業之日本社）を追加した。

①②③のまちがい探しや点つなぎ等は、比較的スムーズにやっていけるようになり、まちがい探しの、〝まちがいを見つける〟スピードは何度も繰り返していくと、どんどん速くなっていきました。点つなぎ等の線もていねいな直線が引けるようになった。

④絵カードで言葉のチェックをすると、さすがに動物などの名前はよく知っていましたが、〝一般常識的なもの（職業や行事等）〟はまばらに知っているだけだった。

週に1回だけの通級だったが、回数を重ねると、やや苦手だった絵カードもすぐに覚え、語彙が増えていった。

⑤⑥「絵を見て説明文を書く」課題では、短文なのでルールさえわかればしっかり書くことができた。また、助詞の使い方をまちがえて人に伝わらない文章を書くのではないかと懸念したが、会話ではなく、目で見てゆっくり考えながら文章化できるのが本児にあっていたようだ。

5カ月ほどたち、これらが一定できるようになった段階で、同じ課題プリントのやり方を少し替え、同じ時間に一緒に来ている女子との間で、〈まちがい探しの答え合わせ〉と〈説明文をクイズ形式にしてお互い出し合う〉という形にすることにした。相手の女子は、「人見知り」でなかなか言葉が出てこない、会話が成立しないために通級している子です。この子の指導のためにも、同じ学級で気の合う本児とルールに沿った会話の練習が有効だと思い、取り組みました。

まちがい探しのやり方は、相手には見えないように衝立越しにそれぞれが同じプリントを使い、どこの何が違うかを確認しておき、まちがった箇所を言い合うというもの。「左上の木の数が違う」「真ん中右寄りの羊の目の形が違う」というように自分の眼で見たものを相手に言葉で伝えるトレーニング。

説明文のほうは、ある絵の説明文を4通り書き、それを衝立越しにクイズ形式で説明文を読み、聞いているほうが何について書かれた説明文かを当てる、というものです。例えば、リンゴについての説明で、「これは、果物です。これは、丸いです。これは、皮をむいて食べます。これは、赤いです。」と4つの〝ヒント〟を書いて読み、その物の特徴をとらえて端的に書くこと以外に、文章と発話の両方で、相手に自分の意図することが言葉で伝えないといけないから「相手を意識」する点がポイントだ。さらに、クイズ形式だから、文章（ヒント）を読む順番も大切になってくる。上の例文だと、「果物」「赤い」を先に言ってしまうと、相手にほぼ答えがわかってしまう。そこで、〝大ざっぱな〟ヒント（ここでは「果物」）で始め、〝決め手〟となるもの（「赤い」）を最後に言うのが最も効果的だということが、回数を重ねるうちにわかってくる。従って、文章も意識して書くが、書いた後で、または書きながら順番も意識するようになる。

これを何度も繰り返すうちに、文章の作り方や相手への伝え方、どんな順序で話すのがいいのかということをどんどん吸収していった。1年近くトレーニングを繰り返した結果、5年生が終わる頃には保護者が心配した主訴の中身はほぼ解消し、本児自身も会話への不安がなくなっていき、終了することになった。

山田充のポイント解説

まず、教育相談から始まっていることが大切だと思います。先生は、困っている子どもだけを支援するだけでなく、保護者の育てにくさや気づきもしっかり受け止めています。これは、本文にはさらっと「教育相談を実施した」とありますが、保護者の訴えを「教育相談」として受ける学校の制度があり、そこから、アセスメントが始まっています。WISC－Ⅳ検査等も実施して結果を支援委員会（校内委員会）で分析して報告と書かれています。「教育相談」→「検査実施」→「検討・分析」→「支援方針の確立」と支援の流れが確立し、そこに通級指導教室がさりげなく位置付いており、支援方針に沿った通級の指導がおこなわれていることが、すばらしいと思います。

さらに指導しながらも子どもの状態を詳細にチェックされています。語彙が弱いのではないかと推測し、それを詳しく調べるためにさまざまな種類の絵カードで確かめています。その結果、「普通の物語より、『おもしろい！　進化のふしぎ　ざんねんないきもの事典』（高橋書店）のような種類の本が好き。」というエピソード通りに、動物の名前はよく知っているが、その他の語彙は、曖昧という結果が出ます。このことは、語彙は少ないが興味があれば覚えることができることを指し示しており、適切に指導すれば、改善することを教えてくれています。

通級指導での指導も子どもの状態をしっかりふまえた上でなされています。最初は、弱い部分を鍛えるために、個別の指導を取り入れ、集中力、語彙力など基礎的な力を伸ばすように取り組み、その結果、課題に取り組むスピードもみるみる上がり成果が見え始めます。その段階で、同じクラスの女子との複数指導に切り替えています。この切り替えも、相手を意識して考えたり「文章の工夫」ができるように組み立てられます。このように、子どもの状態に応じて指導の内容や重点、関わり方を変化させています。通級の指導の柔軟性を遺憾なく発揮した指導だということが言えます。

これらの取り組みの結果、わずか1年で、当初の課題を克服し、通級の指導を終了することができました。通級指導の王道を遺憾なく教えてくれた事例だといえるでしょう。

事例19

「話したくなる」「書きたくなる」活動でコミュニケーションの力を育てる

小学5年生・女子

1 通級を必要と判断された状況

現行の学習指導要領では、育成すべき3つの資質・能力とあり「知識及び技能」「思考力、判断力、表現力等」「学びに向かう力、人間性等」が示されました。育成のための「主体的・対話的で深い学び」の授業では、友だちと書くこと、話すことで交流し、友だちと協力する活動が多く取り入れられています。通級指導教室には、自分の考えを話すことや書くことが苦手、友だちと関わることが苦手であるという子どもが多く見られます。５年生のＲさんもその中の一人です。

❷ アセスメント情報

家ではよく話すが、幼稚園では担任から「ほとんど声を聞いたことがない」「友だちと遊ぶ姿を見ない」と言われ、小学校でも「クローズの質問をすると小さい声やつぶやきで、意思表示できるが、オープンの質問だと黙ってしまう」「友だちはいない。休み時間は、一人で本を読んでいる」と懇談会で言われ続けていました。中学への進学が見えてきて、このままで大丈夫かと保護者が不安になり、教育相談の申し込みでした。担任の「気持ちや考えは書けないが、テストをすると、だいたいわかっていると思う」という話から、学校での表現しづらさの要因は何かを探るためＷＩＳＣ検査を実施しました。

■ WISC-Ⅳの結果

検査のため来室したＲさんは、「よろしくお願いします」と大きい声であいさつし「お母さんにがんばるように言われた」と話し、検査中も質問には端的にハキハキ答えることができました。

結果（表）は、全体的には平均ですが、ワーキングメモリー指標が有意に低く、聞いたことを覚えて活用することが苦手であることがわかりました。また、下位検査の結果からは、状況判断の力が弱いこと、視覚情報と言語を結び付ける力の弱さ、言葉の知識に偏りがあることなどがわかりました。

授業や友だちとの会話で、知らない言葉に出会うことや、見ているものと自分の知識が結びつかず相手の話していることが理解できなかったり、忘れてしまったりすること、自分が言おうとしたことを忘れてしまうことがあると予想されました。コミュニケーションを伸ばす機会が不足し、さらに言語の力が伸び悩む悪循環も推測されました。

その結果、どう表現したらよいかわからないとますます不安になり、コミュニケーションの発信ができない状況になっていることが起こり、自己肯定感も著しく下がった状況になっていると考えられました。わからないのでさらに積極的になることができず、自己肯定感の低さに拍車をかける結果となっていたのです。

❸ 判断と具体的支援

5年2学期、言葉の力を伸ばすこと、コミュニケーション力を高めるために通級指導を開始しました。指導は同学年3人の小集団で実施し、授業時間を2つに分け、前半は、Rさんの知識を使える力を伸ばす時間にしました。

■課題

- 漢字イラストカード……漢字の意味をイラストで確認し、イメージ化して、読み方とセットで覚える。
- ことばのクロスワード……言葉の意味を正しく覚え、興味の幅を広げる。

指標	合成得点
全検査IQ（FSIQ）	90
言語理解指標（VCI）	90
知覚推理指標（PRI）	98
ワーキングメモリー指標（WMI）	79
処理速度指標（PSI）	199

表）WISC-Ⅳ検査結果

後半は、実際に知識を使って、友だちと関わり、共同で活動する時間としました。通常の学級での話し合いやグループワークに使える力に育てることをめざしました。

- スピーチ……5W1Hの表をもとに、友だちがわかる言葉で話す。イラスト気持ちカードをもとに、友たちの話を聞いて感想を伝える。
- 好きなものの紹介文……理由をそえて書く（自分が書きたいことに合わせて順序、順位、比較など書き方の型を見ながら書く）。また、友だちが書いたものに「クエスチョン？カード」「いいね！カード」「アンサーカード」「サンキューカード」から選んで、コメントを書く。

❹ 指導後の子どもの様子

通級開始当初は、友だちの問いかけに、うなずくだけで無表情で答えていたRさんですが、2学期末には、友だちの話に身を乗り出して聞く姿や声を出して笑う姿が見られるようになりました。スピーチでは、学級の友だちの名前が出てくるようになり、3学期には、友だちが一人でできたことを発表しました。担任からも、授業で挙手して発表できたと聞き、保護者と喜ぶことができました。また、通級する友だち全員でつくった日本地図に、家族で旅行した都道府県の紹介文を書いたとき、1年生も読むことを考えて、漢字にルビを振ることや、文字を形よく書くことができ、他者を意識する力も育ってきました。

本校では、通級時間は多い子でも週に2時間で、ほとんどを通常の学級で過ごします。学級で、自分の力を上手に発揮するコツを通級指導でつかませるためには、学級の担任、保護者、通級指導担当の三者によるアセスメント、日常を通した連携が重要となります。個別の指導計画の作成、指導、評価、次の目標設定を三者でおこない、連絡帳や懇談会でもＰＤＣＡサイクルをこまめに回すようにしています。

６年生になったＲさんが自分で立てた目標は「発表をたくさんすること」、同学年の４人グループで「コミュニケーション力を高める」ことに重点を置いて通級を続けています。できるようになったことを、学級でもできるようにして、中学に進学することをめざしています。

山田充のポイント解説

この事例のポイントは、アセスメントがきちんとおこなわれ、かつ分析がしっかりおこなわれ、支援方針がつくられていることです。

自分の考えを表出すること、書くことや話すことも含めて苦手であるＲさんは、家庭では、よく話していて、その様相が違うことにまず着目し、WISC-Ⅳ検査を実施することにします。検査実施の目的が明確です。WISC-Ⅳ検査はよく実施されていますが、とりあえず検査をしてきてくださいというような対応が多いのも現実です。WISC-Ⅳ検査の結果があるほうがよいのは、まちがいないのですが、このことを探ることが必要だという目的をもって検査に臨むほうがよいことは、まちがいありません。またこの先生は、自分でWISC-Ⅳを実施されるので、検査時の様子や答え方の特徴なども見ることができるのでさらに有効です。

「授業や友だちとの会話で、知らない言葉に出会うことや、見ているものと自分の知識が結びつかず、相手の話していることが理解できなかったり、忘れてしまったりすること、自分が言おうとしたことを忘れてしまうことがあると予想されました。コミュニケーションを伸ばす機会が不足し、さらに言語の力が伸び悩む悪循環も推測されました。」という部分では、実際の子どもの様子を検査結果から、裏付ける考察がなされています。

実は、これは、とても大事なことです。一般的には「検査結果から子どもの特徴をつかむ」と思われているかもしれませんが、これは少し違っていて、「実際の子どもの困り感の要因を検査結果からわかる特性と関連付けること」が大事なのです。このことが実践されていることがすばらしいです。

通級の指導も目的意識をもって、前半と後半に分けています。少人数指導ですが、前半は個人の能力を伸ばすトレーニング中心、後半は、少人数をいかした人との関わり合いを伸ばす指導になっています。

実際の指導場面は書かれていませんが、少人数でも個人の学びを大切にする時間と、少人数でしかできない指導の両方を意識しているということです。

さらに、大切なことは、こういった指導を通級だけで完結するのではなく、通常の学級と保護者も含めた三者で連携して指導することを訴えておられます。これも大切なことです。

6年生になった彼女が自分で立てた目標が「発表をたくさんする」です。ほとんど話さなかった子どもが、通級の指導を受けて自らこの目標を立ててがんばろうとする、通級の指導が彼女の意欲もしっかり育てることができたすばらしい事例です。

事例20

先生の話が聞き取れていなかった子どもが、みんなの前で話すことに自信がある子どもへ

小学6年生・男子

1 通級を必要と判断された状況

Sさんは、4年生から通級指導を週2回おこなっているが、通級指導を受けるきっかけになったのは、保護者がSさんの発達の遅れを感じ、専門機関に相談し、通級指導を受けることが適切であると判断されたからである。指導開始当初、Sさんには誰にも言えず、とても悩んでいることが2つあることがわかった。そのことに担当者が気づいたのは、構音検査で、正しく発音できない音は、正しく聞き取れているのか？ということを確認するアセスメントによるものであった。「き・ち」「きゅ・ちゅ」「きょ・ちょ」など聞き分け弁別ができないことがわかった。Sさんが今までしんどかったであろう思いに担当者がふれた時、ポツリと自分から話してくれたのが、「授業中、先生の話の中で、聞き取れないことがよくある」ということだった。

❷ アセスメント情報

WISC–Ⅳにおいて（いずれも90％信頼区間）表の結果であり、言語理解指標が特に低かった。

構音検査で、正しく発音できない音は、正しく聞き取れているのか？ ということから調べてみると、「き・ち」「きゅ・ちゅ」「きょ・ちょ」など聞き分け弁別ができないことがわかった。

詳しく調べるために、専門機関での「聞こえ」の検査を受検した。「聞こえ」じたいの問題はないものの、雑音下での音の聞き分けに困難さ（40音中14音しか正しく聞きとれず、頭子音での誤りが見られた）があることが明らかになった。

さらに、Sさんは、側音化構音（呼気が構音時に口角の片側または両側から漏れてしまうため、音が歪んでしまう異常構音のこと。）があるため、正しく発音できない音があった。「しゃべったら、何か漏れてるみたいになるねん。友達に何て言ってるかわからんって言われたことがあるねん」と抱えていた思いを伝えてくれた。

Sさんは、人前で話すことを極端に嫌がり、個別の会話であっても、首をたて・よこに振るだけのことが多かった。

❸ 判断と具体的支援

知的な水準は低くないが、特に言語の理解に弱さがあった。音の聞き分けが苦

指標	合成得点
全検査IQ（FSIQ）	71-82
言語理解指標（VCI）	64-78
知覚推理指標（PRI）	85-99
ワーキングメモリー指標（WMI）	67-80
処理速度指標（PSI）	82-98

表）WISC-Ⅳ検査結果

手な特徴があり、特に騒音下での聞き取りの弱さがあることがわかった。発音も側音化構音があり、明瞭に発音できず、他者に理解してもらえないことがあり、自分からの発話をさけるようになり、自発性や積極性が疎外されている状況であることがわかった。

これだけのストレスを日々感じているSさんに対して、まず、はじめに中心に据えたトレーニングは、聞き分け弁別のトレーニングと構音トレーニングだった。

（1）聞き分け弁別トレーニング

通級指導教室での指導とともに、大切なのが、聞き分け弁別ができる力がつくまで、学級でおこなってもらう合理的配慮。

- 座席の工夫……担任が話している口元がSさんの座っている位置から正面に見えるよう、また、前から2列目までの位置にする。
- 視覚支援……初めて聞くような言葉については、ゆっくり言うだけでなく、黒板に文字として表し、音と文字を一致させるよう気を付ける。

これら2点を実施してもらった。

（2）側音化構音に対するトレーニング

- 横長の大きな鏡の前で、指導者とSさんとが横に並んで座り、自分と指導者の舌の位置や形がよく見えるようにして構音トレーニングをおこなった。

構音に課題のある子どもは、しゃべることが苦手だからしゃべることを控えることが少なくない。自信がないため、しっかり口を開けて話せていないことがある。Sさんにおいてもそうであった。しっかり口や舌を動かさせるために、「お口のたいそう」は、毎回のトレーニングの始めにおこなった。

• 側音化構音を改善させるためには音声や呼気が口腔の中央から出るようにして、構音位置を正しい位置に移すことが必要である。そのために、まずは、「舌の脱力」からトレーニングを始めた。

子どもにわかりやすいよう舌の脱力ができている形を「ホットケーキのお口」とたとえ、脱力ができていない舌の形を「おせんべいのお口」とたとえて、楽しくトレーニングをおこなうことを心がけた。その後、脱力した舌で、正中から呼気を出す。これができるようになってきたので、Sさんが正しく発音できない音1音1音のトレーニングに取り組んでいった。その際のパターンは、決まっていて、

①単音の練習→②単音節の練習→③無意味音節の練習→④単語練習→⑤短文練習→⑥文章練習→⑦会話練習

と進めていった。④の単語練習の段階までいくと、次の音のトレーニングをスタートさせていった。

これらのトレーニングの様子を保護者にも実際に見てもらい、通級でおこなったトレーニングを家庭でも取り組んでもらった。

このように担任や保護者の協力によって、半年ほどで、聞き分けには困らないようになり、自分の発音に自信をもてるようになってきた。そして、4歳下の弟の側音化構音のアドバイスができるほどまでになった。だからと言って、授業中に自分の意見を堂々と話せるようになったわけではない。Sさんの最大の課題は「ことばの力」にあるからだ。

知らない言葉がたくさんあるだけでなく、わかっていても、うまく言葉にできないもどかしさをいつももっていた。そこで、「ことばの力」をつけるための取り組みを本格的に開始した。その指導の一部分を紹介する。

（3）写真カードを使った指導

■語彙の力をつける

語彙の力はただ単に、ものの名前を増やしていくことではない。上位語、下位語を意識して、理解できるよう指導することが大切である。

ラミネートした写真カードをカテゴリーごとに10～20枚程度用意をしておく（写真1）。

①写真のものの名前やどんなものかを覚えていく。

子どもに提示するときは、この段階では、カテゴリーごとに提示していく。

②名前やどんなものかが、おおよそ理解できたら、2種類程度のカテゴリーのものから、写真カードを5、6枚ずつ提示し、仲間分けをさせる。この時、2つに分けた理

写真1）写真カードの例

由とカテゴリーの名前を確認する。2種類のカテゴリーから、3、4……種類を増やしていく。

③写真カードで学んだものを文字にし、カテゴリー分けや上位語を答えるプリントを使って学ぶ（資料1）。

■「セットになることば」を使える力をつける

ものの名前やカテゴリー分けができ、上位語や下位語の知識が増えてくると、それを日常に使えるような指導にステップアップしていく。言語の課題のある子どもによくあることだが、単語だけで伝えてしまっていることが少なくない。いざ、そのものの名前の後につく言葉を聞くと答えられないことがあったり、使いまちがっていること、また、文字で伝える時に途端に困ってしまうことがある。それらのことから、写真カードを使った「セットになることば」という名前で、トレーニングをおこなった（資料2）。

このようなトレーニングを1回に15、16枚程度おこない、覚えられたら、「何秒で言えるかな？」という負荷をかけるようにしている。これは、スポーツやゲームが大好きなSさんにとっては、集中力を高めるためにもとても効果的だった。

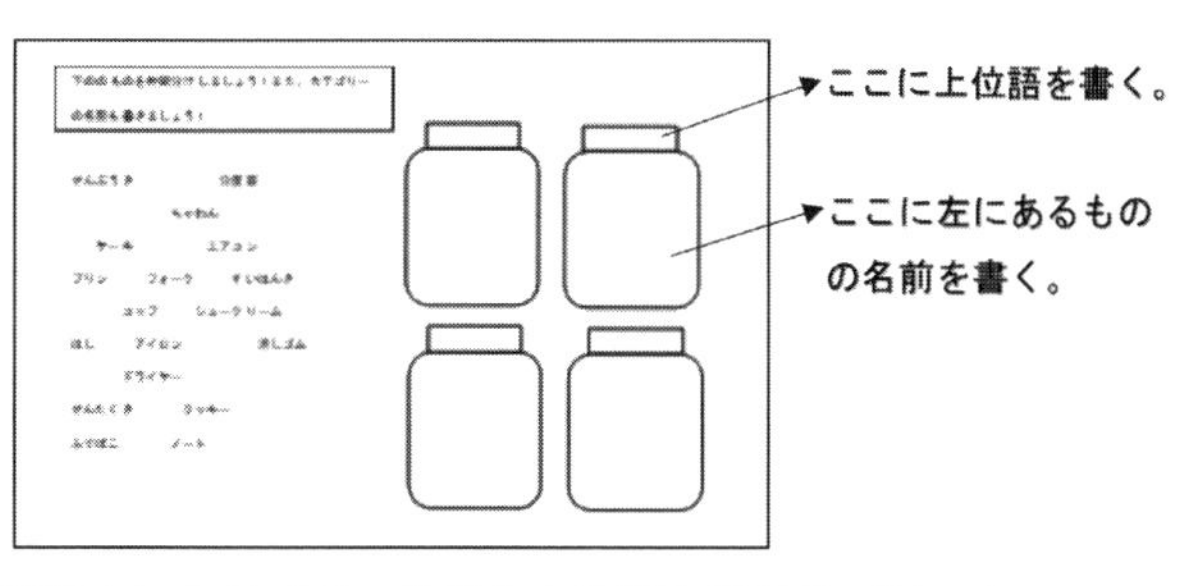

資料1）カテゴリー分けや上位語を答えるプリント

■説明する力をつける

「写真カード」で使ったカードを10枚程度用意し、文づくりをした。

①担当者とSさんとでじゃんけんして、先攻・後攻を決める。はじめは、担当者が先攻になって、モデルになる。

②用意した写真カードをトランプのようにきって、裏を向ける。そして、引いたカードの文づくりをする。この段階までくると、だいたいの文づくりはできるが、ピントがずれてしまわないように、説明として入れるべきポイントだけは、確認しておく。

［ポイント］

・名前は何か？

・何の仲間か？

・どんな使い方をするのか？

➡食べ物なら、どんな味がするのか？　どうして作るのか？　どんな栄養があるのか？　など、カテゴリーによって3つ目のポイントは変わってくる。

③先行と後攻を交代する。それによって、すべてのカードの

（例１）このカードを見せられたら

⬇

「しょうゆ　　かける」

「しょうゆをかける」と答える。

（例２）このカードを見せられたら

⬇

「うちわ　　あおぐ」

「うちわであおぐ」と答える。

資料３）写真カードを使った「セットになることば」例

トレーニングができる。

④「セットになることば」で使ったカードで文づくりをすれば、より日常的で、より楽しく説明のトレーニングができる。

（例3）「アイロンをかける」という「セットになることば」を使って……。

このような感じでSさんは文づくりをしていた。このトレーニングでは、Sさんの家族がたくさん登場し、いつも楽しみながら取り組めた。

（例3）「ぼくは、初めてアイロンをかけたので、失敗して、ママにしかられた。」

(4) (3) 以外の支援方法

「写真カード」という1つのツールを使って多様な指導が可能である。写真カードを使った指導は、電化製品や文房具などを提示することが多いが、年中行事を含めた季節に関する事柄にも活用できる。例えば、四季の写真として、桜の木を提示することもできる。季節の事柄を身につけることは、日常にあふれている情報を理解する背景になり、国語での物語文の情景描写などの理解にもつながっていくので、特に大切に扱っている。

また、表現語彙を増やすためには、気持ちを表す「うれしい」「怒っている」「寒い」「暑い」など様子を表す言葉をたくさん集めていくトレーニングにも取り組んだ。

Sさんの場合、言語理解に関する課題がとても大きかったので、これらの取り組みだけでなく、クロスワードクイズやお話サイコロ、10秒映画（ことばのテーブル）、ワーキングメモリーを使うことを意識するトレーニングなどもおこなった。このトレーニングをおこなうのは、Sさんも同様に言語理解や話すことが苦手な子どもたちは、ワーキングメモリーの弱さがあることが少なくないためである。

④ 指導後の子どもの様子

他の認知機能と比べ、言語の力をつけていくことは、さらに時間がかかり、簡単に変化が表れるものではない。Sさんにおいても、構音トレーニングが終了してから、約2年半の時間が経っている。

そんな時、Sさんの担当をされている専門機関の方から連絡をもらった。その専門機関で面談を受けた6年生の12月、自分からたくさん話をしてくれたというのである。修学旅行のエピソードや中学校でどんなクラブに入って、どんなことをがんばりたいか。自信があることについてなど、自らどんどん話したそうだ。もちろんこの頃には、通級指導でも学級においても明らかな成長はみられていたが、他の場面でも発揮できたことがとてもうれしかった。

Sさんは、4年生の時は、学級の参観日でさえ声を出すのが嫌で練習しても声が出ず、緊張のあまり何度もトイレに行ってしまう子だったが、6年生が全校に向けて発信する発表会では、言葉に思いを込めて何度も訴えかけることができていた。

そんなSさんが、「みんなの前で話すことに自信があるねん。」と、担当者に伝えてくれるまでに成長した。

最後に少し振りかえってみると、私が通級指導の中で、最も大切にしていることは、指導の時間が、通級指導を受ける子どもとの心を通い合わせるかけがえのない大切な時間にしたいと思っていることだ。ただ単に、弱い力をトレーニングしに来ているのではない。

時には、自分の気持ちを語り出し、その子の思いを聞く時間になることもある。また、その子が抱えている家庭の状況などで、思い切ってトレーニングを変更したり、量の調整をすることもある。そんなことが遠回りのようで、実はとても大切だと感じている。

「トレーニングに向かう心を整える」「トレーニングによって達成感を得て心が整う」そんな時間をつくり出していきたいと思い、日々、子どもたちと向き合っている。

大切なことは、通級指導の場が、安心できる居場所であることが大前提で、プリントやカードによるすばらしいトレーニングでだけでなく、子どもたちがありのままの言葉で自分を語ることができる場、コミュニケーションの場としての通級指導教室でありたいと思っている。

そんな場としての通級指導教室を実現するには、かなり柔軟な運用の仕方をする必要がある。そのために、担当者が学級担任と常に連携することや研修会議の場を通して、発信し続けることで、職員全体に通級指導の大切さを理解してもらっている。その積み重ねによって、今の柔軟で幅の広い支援が可能になった。

今後も、このような指導が実現できるよう担任としっかり連携をしながら、指導の成果が本人や関わる大人も実感できる通級指導でありたいと思っている。

山田充のポイント解説

この事例のすばらしいところは、子どもの困り感の所在を突き止めているところです。WISC－Ⅳの検査結果から言語理解の弱さは見つけられますが、さらにその背景に、音の聞き分けや構音の問題が介在しており、そこから来る言語の弱さや自信のなさと絡んで、子どもの困難な状態をつくりだしていることを発見していま す。構音の問題は、発達障害や学習困難と関連しない単独の課題と思われることもありますが、実は深く結びついていることをこの事例は示しています。

会話の違和感から、発音の問題を考えて、構音検査を実施する。その検査結果から、聞こえの問題も疑い、専門機関で検査を依頼しています。ここでいう専門機関とは、大阪府立堺聴覚支援学校が対外的におこなっている詳しい聴知覚検査をさします。騒音下での音の聞き取り等を詳しくチェックしていただけます。ここに依頼をし、騒音下の聞き取りが弱いことを見つけます。また、構音検査を実施し、発音の状態をチェックします。そして側音化構音であることを見つけていきます。聞こえの側も、発音する側にも課題があることから、正確に聞き、正確に伝えることが難しいため、意思の疎通や学習の理解にも影響しています。さらにWISC－Ⅳの言語理解の弱さにも影響していることを見つけたことがすばらしいことです。子どもの「しゃべったら、何か漏れてるみたいになるねん。友達に何て言ってるかわからんって言われたことがあるねん。」という言葉をきちんと受け止めて、解釈していることがとても重要です。

このように、きちんとしたアセスメント・分析がおこなわれた上で、具体的な指導をされています。例えば、側音化構音の指導についても、具体的な方法が示されていて、参考になります。また、語彙や言語の力を育てる支援方法に「関連づける」というキーワードがとても重要です。語彙力をつけることも大切ですが、そこから、使い方や意味などを把握することができるような支援方法が具体的に語られています。ぜひ参考にして欲しいと思います。

最後の「❹指導後の子どもの様子」に、指導の成果がしっかりと書かれています。言語の指導は時間がかかります。あきらめずに根気強く取り組んだ結果、「そんなSさんが、『みんなの前で話すことに自信があるねん。』と、担当者に伝えてくれるまでに成長した。」と書かれているところが的確なアセスメントと指導が実践された事例といえるでしょう。

事例 21

「学校行くの、いや」と言い始めた男の子

小学１年生・男子

❶ 通級を必要と判断された状況

1年生初めの学期末懇談前に、学級担任から保護者が教育相談を希望されているとの連絡がありました。1学期間様子を見ていて、友達関係や学校生活を送る上で特に問題のあるような子ではないと、担任は言っていましたが、算数などで文章題が苦手なようで説明しても理解できないことがあるとのことでした。

Bさんの兄（当時4年生）が吃音等言語のことで通級していることもあり、保護者は弟のことも少し心配だから一度話を聞いてほしいとのことでした。

教育相談で伺ったことは次のような内容でした。

■ 保護者からの主訴

- 朝、泣いて「学校行くの、いや！」「算数いや！」とよく言う。

↓学校へ行ったら、ケロッとして楽しんでいる。

・言葉とものがくっついていない。
（例1）母「今夜は、中華丼だよ」
　Bさん「中華丼って何？」
　→画像を見せると「あ～知ってるわ」
（例2）Bさん　クラスの子の名前がわからないので、写真を持って来て「この子」と指をさす
　母「だれ？」
　→Bさん「わからん」（何度もある）
・場面に合った言葉がわからない。
　母「これ、〇〇先生に返しておいて」
　→提出する物を提出せずに毎日持って帰ってくるので、なぜ持って帰ってくるのかを尋ねると、Bさんは「どう言っていいかわからない」という。
・初めてのことを不安がる→まわりの状況をみて動くことはできる。

❷ アセスメント情報

■ 新版K式検査の結果

1年生で、言語に不安があるということで、WISCではなく新版K式の検査をおこなった。
全領域　発達指数　109（7歳9カ月）
認知・適応　150（10歳8カ月）

言語・社会　90（6歳5カ月）

- 認知・適応面は、全般に生活年齢を大きく上回っている。
- 言語・社会面では、特に言語に関して低い。語彙が少ないであろうと思われる。

■主訴、担任の話、検査結果から課題とされる事項

- 初めてのことを不安がる。
- 言葉の理解、イメージ化に不安が大きい。
- 少し長めの問いかけに集中できない。聞くことをあきらめる。

3 判断と具体的支援

①支援のための方法、方略

- 集中力を高め、しっかり聞き取りができるようにする。
- 語彙を増やすとともに、言葉の概念化を促す。
- 自分の気持ちや考えを話したり聞いたりすることができるようにする。

②指導の手順と実際

7月夏休み前に教育相談を受け、検査を実施。支援委員会（校内委員会）での検討後、通級を勧める結果となり、保護者と9月初めに面談をし以下のように保護者に伝えました。

「1年生なので、早めに通級することで、比較的早めに終了できるのではと考えられます。吃音等で通級

している兄ほどではないでしょうが、本児にも若干自閉的な傾向（不安の強さ・あきらめる早さなど）がみられます。」

さっそく9月から通級を開始。Ｂさんの課題は、集中・語彙・説明力のほか「不安感」もあり、まず初めは集中・語彙・説明力の3領域に重点を置き指導を進めることにしました。

- まちがい探し
- 点つなぎ
- 絵の線むすび
- 絵カード
- お話サイコロ
- 書くしりとり
- 絵本の読み聞かせ

たいていの子どもたちがそうですが、Ｂさんもこれらのプリント課題に嬉々として取り組みました。「まちがい探し」は、この課題を結構気に入っているからか苦戦することが度々ありましたが、解けない時はヒントをもらい簡単にあきらめず粘り強く取り組みました。「点つなぎ、線むすび」は、ていねいに物事を仕上げることが元々苦にならないので、ていねいに直線や折れ線を描くことができました。

「お話サイコロ」は、自分の最近の経験を短く話す（何時に起きたか？　昨日の給食は何だったか？　日曜日に何をして遊んだか？　など）だけの課題で、予想以上にうまく話すことができましたが、未経験のことや未来のことについて話すとなると、言い淀んだかもしれません。

「書くしりとり」では、複数人で、ゲーム形式でおこなうので、ほぼ戸惑うことなく書いていて、友達や参加する先生の書く言葉に興味をもつこともありました。

「絵カード」で言葉のチェックをすると、知らない絵や言葉がたくさんありましが、遊び感覚で何度か取り組むうちにどんどん覚えていきました。

❹ 指導後の子どもの様子

3学期末の保護者と学級担任との懇談で、家庭では絵カードで学んだ何種類かの犬の絵で覚えた言葉を使って話すことが、何度かあったとのことでした。

「お母さん、ラブラドール・レトリバーって知ってる?」「あ、あれラブラドール・レトリバー!」となかなか覚えられなかったラブラドール・レトリバーを覚えることができたため、使いたくて仕方なかったようです。

このころから語彙力が飛躍的に増していき、同時に言葉や文章への関心が高まり、国語や算数の文章題への苦手意識が薄まっていきました。また、友達との会話も増えていったそうです。学習への不安感が減り、逆に自信をもてるようになり、学校へ行き渋ることはなくなっていきました。

このように、急激に「言葉」への関心が高まることで成長していきましたが、通級指導の成果だけではなく、検査面談や折々の懇談の際に、「家でも一緒に家事をしたり、スーパーなどへ買い物に行く機会を増やしたりしてください。その際、あれやってこれやってではなく、『ボールに水を入れてレタスをちぎってしっかり洗って』や『Tシャツをたたむときは、袖を内側に折って裾を持って半分にたたむときれいにできるよ』

などと具体的に話してくださいね（いろいろな体験をたくさんさせてください）。」と話していたことを、保護者が実践されたことも功を奏したのではないかと思われました。

週に2回の通級でしたが、1年半ほど続けるうちに、初めの課題を払拭することができ、2年生の終わりに終了することになりました。

山田充のポイント解説

この事例の対応ですばらしいところは、学級担任と子どもの状況をしっかり聞いた上で、担任は、大丈夫だと思うという見解でしたが、それでも話を聞いて欲しいという保護者の願いに沿って、ていねいな教育相談での聞き取りをおこなっている点です。保護者から、「○○について心配だ」という相談を受けた場合、担任が困っていないと「大丈夫ですよ。お母さん」で終わってしまうこともよくある中で、保護者の思いをしっかり聞き取ろうという学校の体制も頼れる部分です。

保護者への聞き取りも詳しくていねいにされています。具体的なエピソードをたくさん聞いておられるようで、そのことが子どもへの取り組み課題として生かされています。

また検査の実施も一般的なWISC－Ⅳではなく、「1年生で、言語が弱そうだ」ということで、新版K式を選んでいます。その結果、言語と他の能力との差もはっきり見えてきました。状況に応じて検査のチョイスはとても大切です。

全体としてのアセスメント結果として「集中・語彙・説明力」の3領域に課題があると見抜いていますが、「不安」も大きな課題であるとみていることも重要です。アセスメントする中で、この不安を見落としているケースはよくあり、見落とすと、いろいろな取り組みが、不安があるために、なかなか前進しないということがあります。今回の指導も不安があると見抜いているからこそ、3領域の取り組みの成果を不安の解消という観点でも捉えることができ、成果につながっています。

不安に対して直接指導するのではなく、3領域の指導をきちんとやり切ることで子どもに達成感をもたせることに成功しています。そのことが不安の解消につながるというプロセスで指導しているのです。

保護者にも指導方針の流れに沿って家庭でもできることを提案し、実践していただいたことで、保護者も子どもの成長を実感しています。学校だけが指導や支援を丸抱えするのではなく、アセスメントから得られた支援方針に、保護者も巻き込み、ともに育てるというスタンスで望むことが大切だと教えてくれていると思います。

事例22

中学校入学後、不登校傾向が強くなり教室に入れなくなった生徒

中学2年生・女子

1 通級を必要と判断された状況

中学1年の3学期末に教育相談。小学6年生後半から不登校傾向。中学入学当初は登校できていたが、5月くらいから教室に行けなくなってきた。何か決定的なきっかけがあったわけでなく、徐々にフェードアウトするような感じで学校に来なくなるような感じであった。本人に原因を聞いても、これといった原因を話すわけではなく、下を向きじっと黙っているような印象が強かった。学習では、書字が大きく、ノートをきれいに書くことができず、板書を写すスピードも遅かったり、漢字を覚えるのが難しく一本多かったり少なかったりするなど、形を正確に書けない傾向が強かった。数学の授業で特に学習についていけない傾向が強く、授業中の発言も少なく、質問しても答えないことが多いなどの特徴があった。いろいろ助言しても、こだわりがあり、切り替えることが苦手で指導が入りにくいことがよくあった。

保護者と相談する中で、教育相談をしてもらった上で、過去の発達検査等いくつかの検査を分析し、そこから困難の要因を探ることになった。

❷ アセスメント情報

文字が大きく、飾りを入れることにこだわった。飾りを書いている間、本人が待ってほしいというので授業を止めて待ち、書くペースも遅かった。シャープペンの先を紙でこすって尖らせてから書いていた（写真1）。

■検査結果（小学6年時）

全体的な水準は、境界領域にあり、ゆっくり学ぶタイプである（表1）。

有意差はないが、下位項目に差がみられた（積み木模様9／行列推理、記号探し4）。見本があるとできるが、自分の経験や知識から類推する項目が低かったり、作業課題では、極端なスピードの遅さが見られた。

■P-Fスタディ（中学2年時）

集団順応度38％と有意に低い。集団内では適応した問題解決行動をとることが難しい。

欲求不満場面では問題に直接働きかけたり、抱いた不満

指標	合成得点
全検査IQ（FSIQ）	75
言語理解指標（VCI）	84
知覚推理指標（PRI）	74
ワーキングメモリー指標（WMI）	85
処理速度指標（PSI）	76

表1）WISC-Ⅳ検査結果

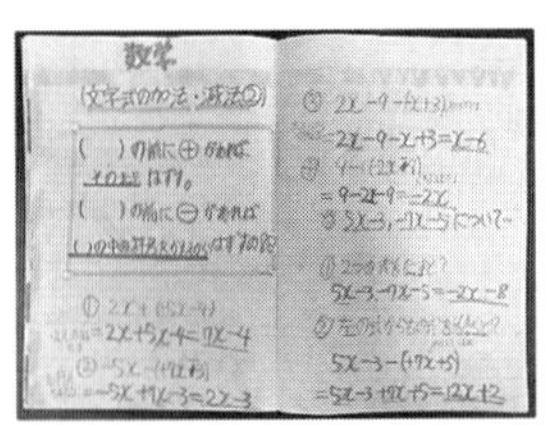

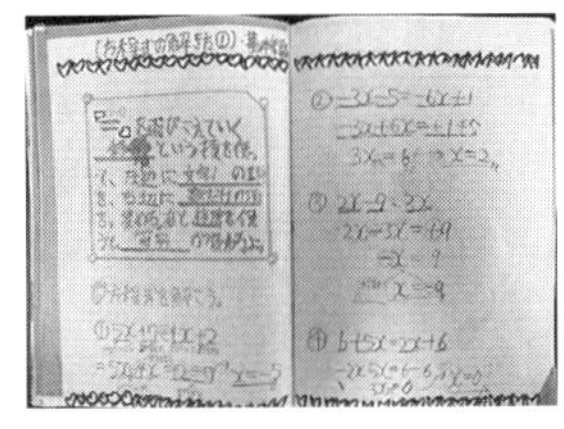

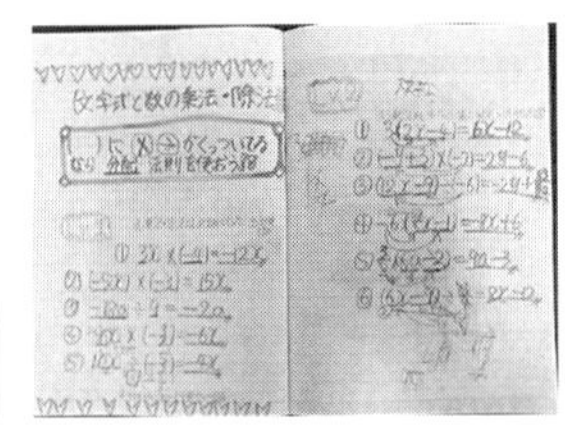

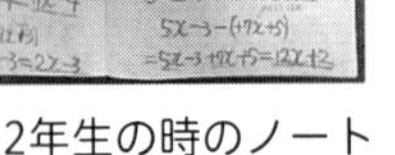

写真1）2年生の時のノート

を外に表出することにより起こる相手との摩擦を回避しようとしており、内にこもりやすい。内省は苦手であった。上手に相手と意見をすり合わせたりするなどといった社会性のスキルはやや未熟である。

③ 判断と具体的支援

■ 判断

書く文字が大きく（ノート2段に1文字）、あいまいな漢字を書くことが多いことと検査結果を関連付けると、細かい部分を注意深く見ること・空間認知力が弱いＬＤと判断した。ただし境界領域なので、ていねいな指導が必要。

また、不登校の様子から不安傾向が強く、自信のない様子が顕著に見られた。そのことから、自己肯定感も低くなっていると想定された。

■ 支援の内容

〈2年生〉

数学の時間（週3回）通級に通うことになった。2年生の数学の学習補充を中心に支援をおこなった。学力的には小学校高学年程度。小学校の復習も並行しておこなった。

1学期は通級に来る日数が少なかったので、2学期からは来れる時間に来るように促したので週に2～3回は通級に来ることができるようになった。数学の学習とともに、折り紙やペーパークラフトを取り入れ、手先を使うことで空間認知や視知覚のトレーニングをした。

〈3年生〉

まだクラスには入れなかったが、通級には登校ができるようになってきたので、3年生からは毎日1時間決まった時間に登校することにした。また学習指導はおこなわず、認知面のトレーニングを中心に支援していくことにした。

本人に「細かい部分を注意してみることが苦手なので、よく見て書こう」と促し、自分でも意識をさせた。

■トレーニングの詳細

- 模写のトレーニング
- 言語表現のトレーニング
- 聞き取りトレーニング
- 基礎能力アップパズル（注意力・行動調整力・ワーキングメモリー）
- 認知トレーニング（数える・写す・見つける）
- 漢検の漢字ワーク
- 論理脳ドリル

などを実施した。

4月17日

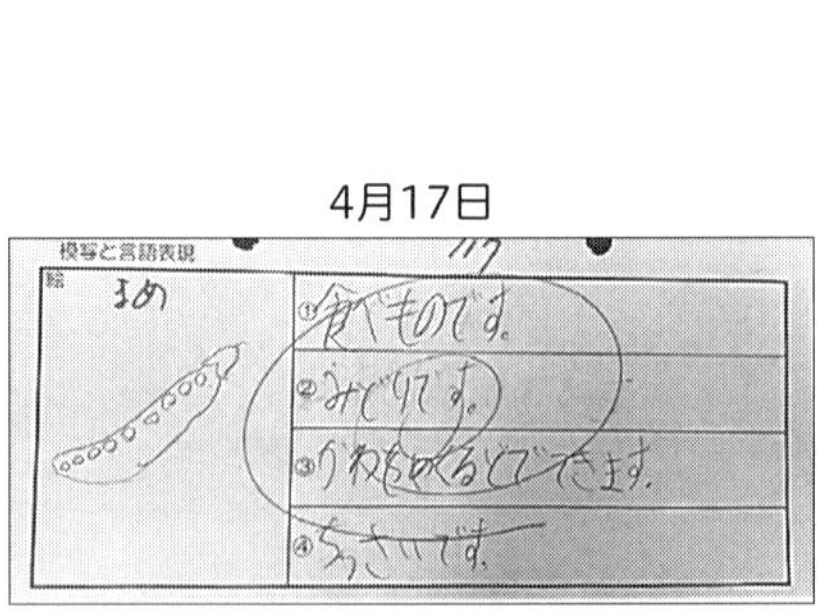

12月16日

写真2）模写と言語表現

❹ 指導後の子どもの様子

- ノートに小さい文字をきれいに書けるようになったことに加え、あいまいな字を書くことが減り、漢字の小テストで、3年2学期は何回も満点を取ることができるようになった。
- 大雑把な文字だったが、整った文字を書けるようになった。立体的な絵を描けるようになった（写真2）。
- 本を見ながら折り紙がきれいに折れるようになった。
- 2年当時はいつもそわそわしていたが、行動に落ち着きがみられるようになった。机上を片づけても何かと忘れており、消しゴムのかすが残っていたりしたが、チェックができるようになり忘れることが少なくなった。

山田充のポイント解説

小学6年生ごろから傾向が出始めていましたが、中学校入学当初は、がんばって登校していたようですが、だんだん学校に来られない状況になっていったようです。

不登校の支援をしていく時も、詳しいアセスメントが必要です。子どもの特性や性格などをしっかり見ていくことは、もちろん必要です。しかし、急にパタンとこなくなるケースと徐々に来られなくなるケースでは、要因の傾向が違うことがあるので、注意が必要です。急にパタンとこなくなるケースは、必ず直前に本人にとって何か大きな要因があることが多く、それを見つけて解決することが必要です。本事例は、徐々に来られなくなるタイプです。この場合は、きっかけではなく、本人のもつ特性と、学習状況や対人関係の苦手さが、じわじわと影響してくることが多いようです。

アセスメントの大切な点として、書字の問題や数学の学習困難、こだわりからスムーズに学習に取り組めない状況などがきちんとアセスメントされています。しかし、通級最初の2年生は、保護者の希望もあったと想定されますが、数学などの学習の補充に通級を使っています。学習困難の本質的な本人の苦手な特性への支援なしに、学習の補充をしても効果は上がりません。通級担当者はこのことを肝に銘じておくことが大切です。

2年生の途中から認知トレーニングとの併用が始まり、どうしても学習の補充をしないといけない場合でも、この特性へのトレーニングの時間をしっかり確保し取り組んでたことが重要でした。

3年生になり、通級指導教室では、トレーニング中心に移行しますが、その方が、成果が出ることがよくわかる事例です。認知特性で小さな字が書ける、立体的にものが捉えられるなどの成果がではじめ、不器用さの改善、注意しチェックする力がつくことで、全体的に学習する力の基礎ができるようになることがこの事例を通してわかると思います。

事例23

不登校傾向・教室に通いにくい子の支援

不登校傾向の児童数名

1 通級での関わりについて

本校の通級指導教室の役割の一つに「不登校傾向・教室に通いにくい子の生活・学習スペースの提供」があります。

さまざまな理由で学校に通いにくい、学校には登校できるものの教室に行きにくい児童（以下、「対象児童」）が、通級指導教室のスペースの一部を使って、生活・学習しています。

対応は、校内の支援システムの一部として運用されています。以下、概要を紹介します。

2 支援システム

対応の中心はフリーの生徒指導主事で、対応する場所の中心は、通級指導教室内の共用テーブル（ゲームなどをする広いテーブル）です（写真）。

対象児童や保護者、通常学級担任、生徒指導主事が相談し、「通級の学習スペースの利用希望」があった場合、校内委員会を開催して利用の開始を検討、決定します。

対象児童の登下校の時間は、朝から、遅れて、下校時刻まで学校にいる、途中で下校する（保護者のお迎えあり）、などさまざまです。

対象児童が学習スペースを利用する時間もさまざまで、一日ずっと利用する子、午前中だけ利用して昼からは教室に行く子、教室にいるのがしんどくなった時だけ来室する子などがいます。

対象児童が登校した日、各時間の「担当者」は、フリーの生徒指導主事が調整し、校内の全職員で担います。体が空いているときは、通級担当が指導することもあります。担当者は、生徒指導主事・教務・教頭・栄養教諭・算数少人数担当・音楽専科・養護教諭など、その日・その時間によって変わります。

写真）通級指導教室の様子

校内の状況によって担当できる教員がいないときは、対象児童が一人で学習します（対象児童が学習するスペースの反対側では、通級担当が他の通級児童を指導しているので、大人が不在になることはほとんどありません）。

❸ 学習の内容や方法

学習内容は、基本的には通常学級の内容（難しい場合は前学年までの学習内容など）を進めます。生徒指導主事や学級担任が教材を準備し、通級担当は児童の実態・学力の評価や、教材の提案などの協力をします。

通級の教材を提供することもあります。

教材は、教科書やドリルを使ったり、『〇年生の教科書ワーク』のような各教科のワークブックを購入してもらい、それを一人で進めてもらったりします。他にも、図工、家庭科などの課題をすることもあります。他の通級児童のソーシャルスキルトレーニングの時間や、「お楽しみ」の時間に、対象児童に声をかけてゲームなどを一緒にすることもあります。

対象児童が見通しをもてるように、可能な場合、教室の学習への参加を検討するために、当日の通常学級の学習予定を担任の先生が書いて、学習スペースに用意しておきます（枠の用意は生徒指導、記入は担任）。対象児童が登校したら、「今日の予定を相談しようか」と言って、スケジュールを見ながら相談します（生徒指導や担任、通級担当）。「ここは通級」「ここは教室に行ってみようかな」等の話をします。教室へ行くことを無理に勧めたりはしません。

担任の先生は時間的な余裕があれば、休み時間や空き時間等に通級に顔を出して、対象児童とコミュニケーションをとります。その児童と一緒に学習する時間をもつ先生もいます。また、児童が担任を忌避（きひ）している場合は、それを担任に伝え、来室を遠慮してもらうこともあります。

心配なこと、不安なことは部屋にいる大人（主に通級担当）にすぐに伝え、解消することができます。支援者は不安を受け止め、児童の実態に応じた安心のさせ方（視覚的に伝えたり、モデルを示したり）で具体的に支援します。

❹ 指導後の子どもの様子

これらの支援システムを通して、対象児童が自分に合った登下校のタイミングや生活の仕方に気付き、安心して生活・学習するようになってきました。登校回数や登校時間も徐々に増えてきています。

担任の先生との連携やその時の児童の気持ちがうまくかみ合ったときは、児童が教室に行ってみようかなと感じたり、言ったりすることが多かったように思います。その気持ちを支え、大きくするためにこまめに担任と連絡・連携することを心がけました。

子どもが安心して学校に通えると、保護者の安心も大きくなります。学校や教職員への感謝の言葉や、わが子を誇りに思う言葉を聞くことが多くなりました。

元気を失っていた子どもが取り戻していく様子は、周囲の大人を勇気づけます。ここで紹介したシステムが、学校や教室への通いにくさを感じている多くの子どもたち、それを支える保護者、先生方の参考になればいいなと感じています。

山田充のポイント解説

今回は、一つの事例ではなく「不登校傾向のある児童への通級スペースの活用」という通級指導教室の活用の一例として紹介されています。

不登校の子どもたちにも、さまざまな状態があり、まったく学校に来られない子どもや、登校はできるが教室に入れない子ども、特定の教科で教室に入れない子ども、みんなと給食が食べられないという子どももいます。どの学校も登校はするが、教室に入れない子どもの居場所確保に苦労されていると思います。保健室登校が多いかもしれませんが、独自に部屋を開設する学校もあります。教育委員会がそういった部屋を制度として認めているところもあるようです。

通級指導教室の活用ということで事例を紹介していただきました。私も自分が通級をしている時に、不登校傾向の子どもを預かっていたこともあります。卒業するまで、通級で過ごして、卒業していった子どももいました。その子どもは、小学校の間、通級で落ち着いて過ごして気持ちが安定したのか、中学校では、がんばって教室でみんなと過ごせるようになりました。

今回の先生も書いていますが、学校での居場所の問題と、対応する人の問題があります。特に対応する人が通級担当者になってしまうとかなり負担が大きいですが、場所の提供は、教室の広さにもよりますが可能かもしれません。事例の中にもありましたが、基本的にすることは対応する人が用意してもらうようにしつつ、最後のゲームの時間に一緒に遊んだりすることも不登校傾向の子どもたちの気持ちを和らげることに役立つかもしれません。しっかりと人員配置問題など話し合った上で通級指導教室活用も選択肢として考えるのは、よいかもしれません。

事例24

子どもの特性に合わせた指導の大切さ

小学３年生・男子

❶ 通級を必要と判断された状況

１年生の入学時からずっと座っていることができず、教室をウロウロしていた。担任は早く通級に通わせたいと思っていたが、保護者は幼稚園の時にそんなことを言われたことがないと固く拒否していた。幼稚園でなぜ座れたかをケース会議で話し合うと、先生が少し怖かったことと、興味のあることだと集中できるという特性が出てきた。

１学期の参観日に、自分の子どもの実態を見た保護者が、友だちが通級に入ったこともきっかけにし、通級の入級を希望した。

❷ アセスメント情報

ＷＩＳＣ－Ⅳは、すぐに集中が途切れ、４日に渡って実施した。また、じっと座って答えることができず、うろうろしながら答えたり、後ろの教卓に寝転んで答えたりした。視覚の書く課題は、それだけで終わりにすると、1分間集中しておこなうことができた。結果FSIQは、ほぼ平均で、力を持っていることがわかった。

そのことから、現在教室で離席しているのは、授業が理解できないからではなく、落ち着いて聞くことができないからだという見立てができた。

通級での学習では、書くことを極端に嫌がり、点つなぎでは、見本通り描けず、鏡文字も多かった。学級では、ノートを書かなかったので、担任が合理的配慮として言葉を書きこむだけのプリントを用意した。それなら、取り組める日もあったので、書くことに苦手さをもつこともはっきりした。

③ 判断と具体的支援

■具体的支援

①1年生2学期の参観日。通級に入り成長した姿を保護者にみてもらう大切な日であった。聴覚的刺激より、視覚的刺激のほうが得意な本児には、言葉で伝えるだけでなく、カードを作り、それを見せながら約束し、授業中もその都度そのカードを見せるようにした。また、約束した時に「1時間座れたらシール」という短期目標のご褒美をつけ、授業に向かった。言葉だけではすぐに忘れてしまう本児であったが、視覚的なカードとご褒美で1時間座って授業に参加することができた。そればかりか、何度か手を挙げ指名されて発表もすることができ、担任にも保護者にも褒めてもらえた（資料1）。

②ある日の通級で、漢字カードで読みの練習をした。ただ、カードはすぐに投げるので、8個ずつコピーしたもので学習していた時、「では、書いてみようか」と声かけした途端に暴れはじめた。

その様子を専門家指導の先生にみてもらいアドバイスをもらった。

その結果、書くことが好きな課題を少しだけにして、学習プログラムを組み、座って学習することを目標に取り組むことになった（資料2）。

この学習を繰り返すことで、少しずつ座って学習する時間が長くなり、書く学習も少しずつ増やすことができた。

③学級での漢字の学習や宿題はしなかったので、別のプリントを用意し日々の宿題にした。その宿題を少しずつこなし、花丸をもらうことで、書くことに対しての苦手意識が減少し、前向きに書く学習もできるようになっていった（写真1）。

資料1、2）約束カード

④通級での学習は、好きなめいろを中心にして、点つなぎ、形写しとできる課題の種類を増やしつつ、レベルを少しずつ上げていった。すると、複雑なものでもがんばってみる根気強さが身につき、正確にみる力も育ってきた。

3年生になると、当該学年の漢字ドリルができるようになり、個別で落ち着ける通級の時にたくさん書

き進み、褒められることも多くなった（写真2）。

⑤3年生では、学級の授業への参加が課題となった。学習内容が難しくなったうえに、友だちとのトラブルも発生し、教室を出ていくことが多くなった。そこで、ケース会議で話し合い、保護者にも了承を取ったうえで、積み重ねの必要な算数を全時間通級で学習することにした。

通級での算数の学習は、次々進み、理解力が悪くない本児は、要点だけを伝えるとパッと理解し、練習課題に進むことができた。学級での長い説明や話し合いは、イライラしてくるためか、

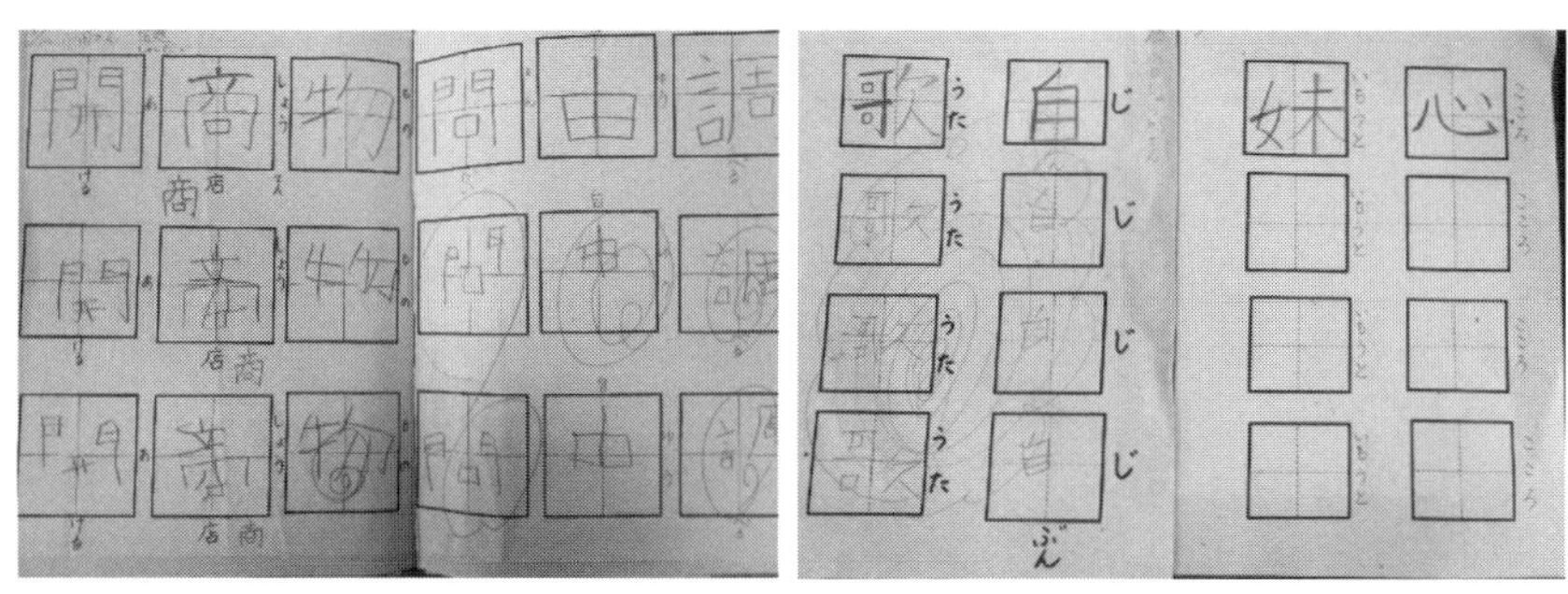

①はじめは大きく数も少なくして取り組み始めた。「これくらいだったらできる」と本児が思ったところからのスタートだった。

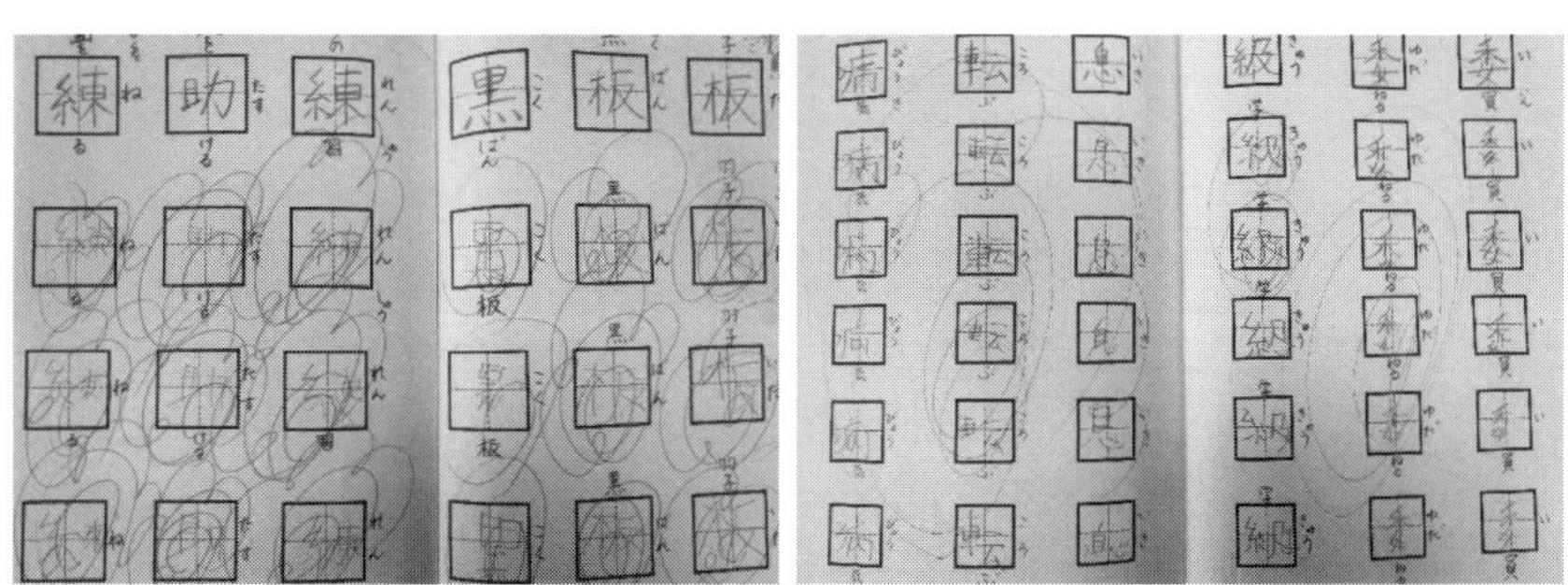

②だんだん正しく書くことができるようになった。

③マスを小さくして数を増やしても書けるようになった。

写真1）合理的配慮（漢字宿題プリント）

本児には合ってなかったと考えられる。練習課題も本児にあった量で、レベルを上げていくと、どんどんクリアしていき、達成感ももてた。

結果、テストで90点以上を取った単元もあり、「算数は話を聞くと、できるんだ」という自信をもてるようになった。

また、学級では、少しずつでも座って学習できるように、できたことを褒めるようにし、トークンの表を使うことで視覚に訴え、保護者にも見せてほめてもらえるようにした（資料3）。

4 指導後の子どもの様子

4年生になり、学級の授業にも落ち着いて参加できるようになった。通級の時間も減らしていき、学級で過ごす時間が多くなった。通級での学習で、「自分はできる」という自信をもったことが一番大きな要因だったのではないだろうか。また、少し難しい課題に向き合う根気強さも育っているため、4年生

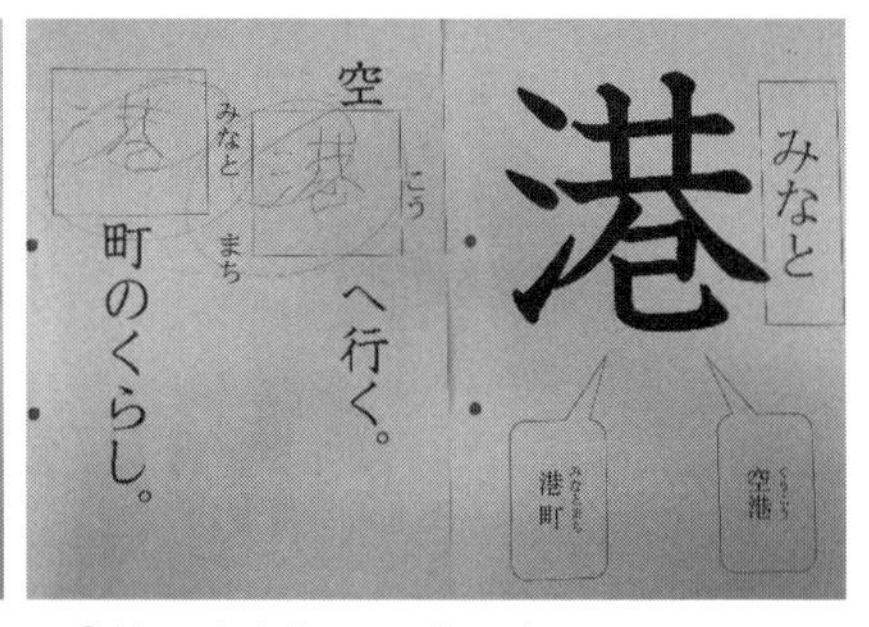

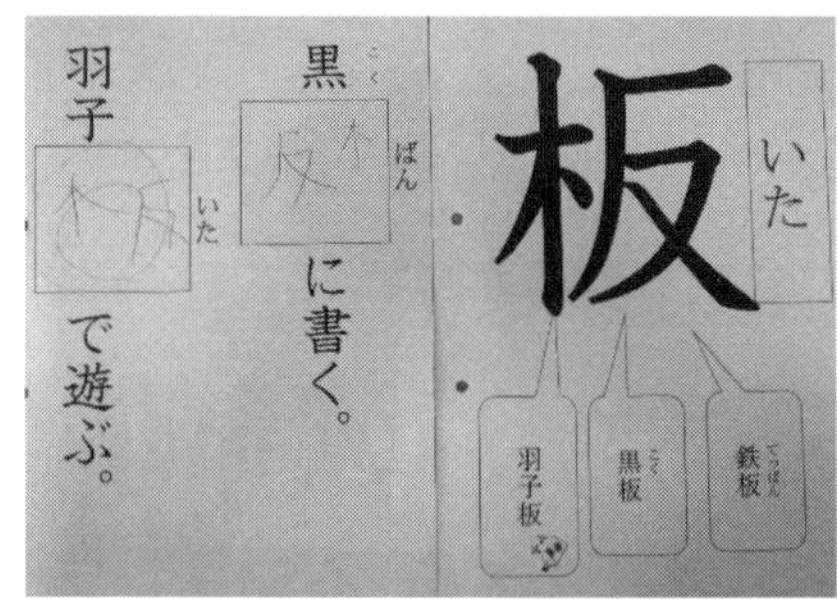

①大きな字を指書きする。②読み方を知る。③使い方を知ると共に書いてみる。

新出漢字をこのプリントで学習しつつ、宿題プリントで漢字を練習することにより、漢字ドリルを進んで取り組むようになった。

> 書くことが苦手な児童にとって、クラスで配布された教材が苦痛になっている場合がある。それをしなくても、漢字の学習はできるので、児童に合った教材を使うことが大切。

写真2）合理的配慮（新出漢字学習プリント）

の複雑な課題も投げ出さずに考えることができたのだと思う。

〇〇さんの
学校がんばるプロジェクト

〇授業は、すわって勉強する。

	月 /	火 /	水 /	木 /	金 /
朝の会					
1					
2					
3					
4					
給食当番					
そうじ					
5					
6					

資料3）トークンエコノミーの表

山田充のポイント解説

本事例では、じっとできない状態が続く子どもの状態を保護者が受け入れることが難しい、など当初は、なかなか支援がスタートできなかったが、参観日の様子を見て、保護者が決心をして通級指導が始まっています。WISC－Ⅳの数値は紹介されていませんが、ほぼ平均の範囲の力をもっている児童であることが紹介されています。見本通りに書けないことや、鏡文字もあり、書くことへの抵抗感もあるような状態でした。最初は、書くことが苦手であったために、書くことを課題としてトレーニングをしようとしましたが、暴れて実施できなかった様子がリアルに書かれています。ここでサッと専門家の助言を求めたことが一つはよかったことです。手を変え品を変え支援することがよくありますが、なかなかうまくいかず、ずっとその大変な状態が定着してしまうこともあります。専門家の助言を得たことで、得意な活動の中に書く活動を取り入れることで、書くことへの抵抗感を減らすように取り組んでいくことで、成果が上がっています。うまくいかない時は、専門家の意見を素早く聞くことも大切です。

算数が困難なため「算数の時間を全部通級にする」という対応をされていますが、これは通級指導としては一般的ではないことを、改めて伝えておかなければなりません。通級を希望する子どもが増えてくる中で、このような対応が一般的にはできないのです。経過の中に詳しく書いてありますが、その結果、算数がわかるという体験をすることができて、算数への抵抗感がなくなっていく中で、最終的には通常の学級で算数の授業を受けることができるようになっています。担当の先生も取り組みの紹介の中で次のように書いておられます。

「通級での算数の学習は、次々進み、理解力が悪くない本児は、要点だけを伝えるとパッと理解し、練習課題に進むことができた。学級での長い説明や話し合いは、イライラしてくるためか、本児には合ってなかったと考えられる。練習課題も本児にあった量で、レベルを上げていくと、どんどんクリアしていき、達成感ももてた。結果、テストで90点以上を取った単元もあり、『算数は話を聞くと、できるんだ』という自信をもてるようになった。」

算数の理解が難しいのではなくて、長い説明や話し合いへの集中がもたずイライラするために起こる立ち歩きや拒否感だったということがわかりました。ここの教訓は、通級指導で、算数の時間を全部過ごしたことではなく、端的にテンポよく学習することが本児にはあっており、理解力があるために、どんどん進む。そうすることで達成感がもて、より難しい算数の学習も意欲をもって、取り組めるようになっています。テンポのよい学習、達成感がもてる授業構成などが必要だということを示唆しており、通級指導教室でそのことを理解し、通常の学級でも、その関わりにヒントを得た対応が必要で、事例提供の先生が最後に書いている「通級での学習で、『自分はできる』という自信をもったことが一番大きな要因だったのではないだろうか。また、少し難しい課題に向き合う根気強さも育っているため、4年生の複雑な課題も投げ出さずに考えることができたのだと思う。」と、子どもに自信をもたせるための指導計画や関わりが重要だということを教えてくれた事例であると思います。

事例25

衝動性の抑制と論理的思考に課題があった子ども

小学4年生・女子

1 通級が必要とされた状況

■ 保護者からの主訴（2年生時）

- 授業中立ち歩きがあり、授業の邪魔をしている。何度言い聞かせても行動を変えることができない。

など訴えがあったため、以下のようなアセスメントを実施した。

❷ アセスメント情報

■生育歴

- 身体面の発達……おおむね良好であった。少し歩き始めが早かった。
- 言語面の発達……言葉が遅いと健診の時に指摘された。1歳児から保育園に行きだして、しゃべるようになった。
- 苦手なことはしようとしない。気に入らないことやうまくできないことがあると泣きわめく。そのせいか、何事にもきちんとしたい気持ちが強い。強すぎるために嫌がっているように見える。

■学校の様子

- 授業中を含め、休み時間などもずっと、おしゃべりしている。おしゃべりが好きな印象である。
- 先生や友だちの話も含めて、最後まで話を聞けず、自分で話し始めてしまうことが多い。
- 授業の姿勢を保持するのが苦手で、いつもふにゃふにゃしている。人と話している時も絶えず、どこかが動いている。
- 集中が持続しないことが多く、よく気がそれている。
- 文字が雑で、自分で書いた字が読めないこともある。だいぶがんばったら、読める字が書けることもある。
- できないと感じると課題に対して、いろいろ言い訳もしながら取り組もうとしないことがよくある。強く指示すると渋々取り組む感じが多い。

・しかし算数は得意で、計算などの学習では意欲的で力をとても発揮できている。よくできるので、難しい問題を用意して通常の課題が早くできた時には、その問題に取り組ませるなどしている。喜んで取り組んでいる。

❸ 判断と具体的支援

■アセスメント分析からの判断

・全体的な能力はとても高い上に特に、知覚推理指標、ワーキングメモリー指標がとても高いことがわかる。そのことから見る力、聞く力がともに高く、視覚的・聴覚的な刺激に対して強く衝動的に反応してしまい、集中の持続が難しく多動になっていると考えることができる。さらに言語も他の児童と比べると決して低いわけではないが、本児の中では、相対的に言語理解が弱い傾向にある。衝動性が強いことと相まって、言葉で順序立てて考えたり、論理的に考えることが苦手になっていると考えられる。

・全体的に知的水準は高いのに、算数の得意さと他の苦手感のアンバランスさがある。小さい時から見られる「苦手なことはしたくない」の特性が顕著に表れていると考えられる。

■支援の方向性

・衝動性が強い行動面において基準を決め枠にはめていくようにすることで、集中す

指標	合成得点
言語理解指標（VCI）	100
知覚推理指標（PRI）	130
ワーキングメモリー指標（WMI）	140
処理速度指標（PSI）	110

表）WISC-Ⅳ検査結果（およその数字）

る力を身につけ、抑制の効いた適切な行動ができるようにしていく。

- 抑制する力、すなわち自己コントロールの力をつけて、集中ができ順序立てて論理的思考ができるようにしていく。
- これらの取り組みを通じて、成功体験を積み、「苦手なことは取り組まない」特性を修正し、達成感をもって取り組み、高い能力がいかせるようにすることが大切である。
- 通級指導教室において、「集中」「抑制」「論理的思考」を意識した次のようなトレーニングをおこなった。

①「集中」トレーニング

まちがい探し、点つなぎなどに取り組み、集中して取り組むことを通じて、集中していることを自覚するように指導。

②「抑制」トレーニング

いろいろな課題に取り組む際にタイマーをかけて取り組むようにし、始めと終わりの合図を意識し、合図に従うことができるように指導。

③「論理的思考」トレーニング

言語トレーニング（絵を見て文を書く・絵の説明プリント・4コママンガの筋を考えるなど）

論理思考を鍛える論理脳ドリル・論理思考プリントなどを実施。

関わり方として、下記のような点に留意した。

- 衝動的な場面が予想されるときは、「まだしません」など、その前に指示をする。

・指示をしてできたときに褒めて、適切な行動を増やしていく。
・順序立てて考えることが大切なことを意識できる場面を増やす。

④ 指導後の子どもの様子

２年後の２回目のＷＩＳＣ－Ⅳ検査では、言語理解指標がおよそ１００→１２０へと大幅にアップし、４つの群指数の差がなだらかになった。

言語が伸びたことで、論理的に考えることができるようになり、衝動性が抑制されて授業中の立ち歩きもなくなり、集中して授業に参加できるようになったため、通級を修了することとなった。

山田充のポイント解説

この事例のポイントは、支援はしっかりアセスメントしてから方針を確立し、支援、成果を上げるという支援の王道が貫かれているところです。

保護者からの主訴を受けて教育相談を実施しています。もちろん検査も実施しています（今回は、プライバシーに配慮し全検査結果を省略しています）。アセスメントで大事なことは情報収集ですが、この事例では、生育歴もしっかり聞き取っています。「言葉が遅かった」というエピソードは、全体との比較の中で、言語が低かったこととリンクすると思われます。小さい時から、特性があったということは、その子どもがもっている元々の特性である可能性が高くなり、その部分をしっかり育てていく課題が見えてきます。

また、「苦手なことをしたくない」というエピソードは、「できないと感じると課題に対して、いろいろ言い訳もしながら取り組もうとしないことがよくある」というエピソードとつながり、ここでも、元々持っている特性であるということがわかります。このように生育歴をしっかり収集することは、今起こっていることが「たまたま」なのか、「元々」なのかということを考えていくために重要です。

支援方針では、このアセスメント結果に忠実に沿った形で提起されています。「集中」「抑制」「論理的思考」という整理した形にまとめられて、それに沿った形で、具体的な通級のプログラムが立案されています。それらの取り組みを通じて、達成感をもてるように組み立てられているといえます。

結果として、大幅に改善していますが、その結果を確かめるために再度WISC－Ⅳを実施して、数値の上でも向上を確認していることも大切なことです。

この事例の大きな意義は、検査の数値は高いのに、学力や日常生活でうまくいかない事例に焦点をあてて、その背景要因を探り、そこに焦点をあてた指導により成果を上げることができたことです。

事例26

宿泊学習の事前指導（見通し・SST）

小学５年生・男子

1 通級が必要とされた状況

対人関係、状況に合わせて行動すること、自己抑制などの苦手さを保護者からの主訴に通級を開始しました。

2 アセスメント情報

自己抑制の苦手さ、自分本位な言動（都合のよい正義感の発動・他の子の不適切な行動には強く指摘するけれど、自分が指摘されると怒る）をします。

家族は非常に協力的で、通級で学習したことについて家庭でもよく話し、本児の学びや変容について肯定的なフィードバックを返している。

❸ 判断と具体的支援

■ ASD、AD／HDの傾向（診断なし）

臨海学校（宿泊を伴う行事・海での活動）を前に、担任から「できるだけトラブルが少なく、本人も周囲の子も楽しい思い出ができる行事にしてやりたい」との相談を受け、本指導を実施することになりました。行事について具体的な見通しがもてるようにする支援と、適切な行動のモデルを知る学習をおこなうことにしました。イメージしやすく、記憶に残りやすいようにするため、視覚的な資料を作ることにしました。指導は、臨海学校に行く前の週におこないました。

■ 準備

活動への見通しをもったり、適切・不適切な行動について考えたりすることができるワークシートを作成しました。内容は、①活動についての説明、②想定されるトラブルや適切・不適切な行動の選択肢です。活動がイメージしやすいように、イラストも添えました。

■ 指導の実際

本児を含む、通級を利用している5年生数名によるグループ指導の時間に、ワークシートを読みながら学習しました。ワークシートは教師が読み、児童は選択肢に○をつけ、その後、順番に選んだ理由・選ばなかった理由を説明します。

普段の様子から、特に起こりそうなトラブルについては、ロールプレイをして練習しました。

SST（西岡、2012）を参考に、①教示、②モデリング、③リハーサル、④フィードバック、⑤汎化の手順でおこないました。

学習中、本児も他の子も、「これ、やってしまいそう」「あぁ、そんな感じにしたらいいのか」などと発言したりつぶやいたりしていました。

教室に帰った後、本児が学級担任に学習したことを伝えると、先生は同じ資料を使って（事前に渡していました）クラス全体に話をしてくれました。本児は通級で学習したこと、自分で考えたことをクラスの子どもたちや先生に自信をもって伝えることができたそうです（資料1～8）。

❹ 指導後の子どもの様子

■臨海学校の当日

臨海学校から帰ってきた担任は嬉しそうに「まったく問題なく、楽しく過ごしていました！」と教えてくれました。

■後日談

行事のあと、保護者から以下のコメントをいただきました。

「臨海の活動内容や、もめそうな状況シリーズは、うちの子にピッタリでした。こんなシチュエーション、あるあるやなぁと家でも盛り上がりました。子ども自身、こういう時はこういう風にいえばいいんやなと、とても勉強になったようでした。絵があるとわかりやすいわーと言って、何度も見返していました。臨海の前日に、わたしが『明日みんなと楽しく過ごせるか心配やなあ』と言ったら、子どもが『ママ、大丈夫やで！通級でも勉強してきたし、バッチリ！　安心して！』と自信満々に言いました。『学習したプリントをお守りに持って行くわ！』と言ってリュックに入れて持って行きました。」

「臨海学習は、トラブルもなく楽しめた様子でした。着替えのときに、リュックに入れておいたプリントをこっそり見たそうです（笑）」

大きな行事に参加する前に、「支援者（担任・保護者など）が児童のつまずきを予想し、準備すること」「児童に具体的な見通しをもたせること」「具体的な行動のモデルを示し、練習すること」等を意識したり実施したりしました。その結果、児童は安心して、楽しく行事に参加することができました。視覚的な資料は、児童が確認するために自分で見直すなど、「おまもり」のような使い方にもなるようです。

〈参考文献〉
・西岡由香（編）（2012）『こんなときどうする?!　友だちと仲よくすごすためのスキルアップワーク　発達障害のある子へのソーシャルスキルトレーニング（SST）』明治図書

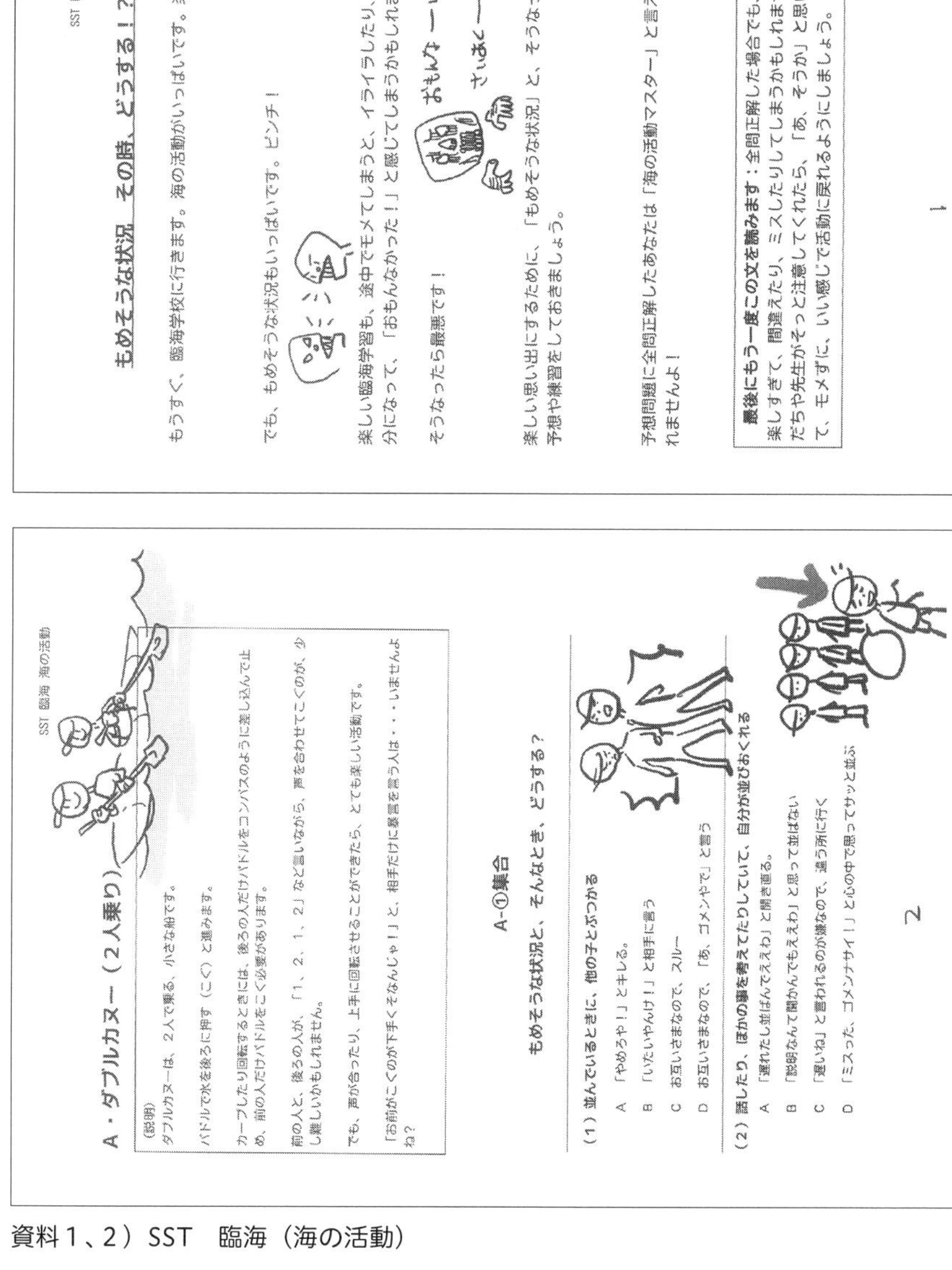

SST 臨海 海の活動

もめそうな状況　その時、どうする！？

もうすぐ、臨海学校に行きます。海の活動がいっぱいです。楽しみ！

でも、もめそうな状況もいっぱいです。ピンチ！

楽しい臨海学習も、途中でモメてしまうと、イライラしたり、怒った気分になって、「おもんなかった！」と感じてしまうかもしれません。

そうなったら最悪です！

楽しい思い出にするために、「もめそうな状況」と、そうなった場合の予想や練習をしておきましょう。

予想問題に全問正解したあなたは「海の活動マスター」と言えるかもしれませんよ！

最後にもう一度この文を読みます：全問正解した場合でも、活動が楽しすぎて、間違えたり、ミスしたりしてしまうかもしれません。友だちや先生がそっと注意してくれたら、「あ、そうか」と思い直して、モメずに、いい感じで活動に戻れるようにしましょう。

1

SST 臨海 海の活動

A・ダブルカヌー（2人乗り）

（説明）
ダブルカヌーは、2人で乗る、小さな船です。

パドルで水を後ろに押す（こぐ）と進みます。

カーブしたり回転するときには、後ろの人だけパドルをコンパスのように差し込んで止め、前の人だけパドルをこぐ必要があります。

前の人と、後ろの人が、「1、2、1、2」など言いながら、声を合わせてこぐのが、少し難しいかもしれません。

でも、声が合ったり、上手に回転させることができたら、とても楽しい活動です。

「お前がこぐのが下手くそなんじゃ！」と、相手だけに暴言を言う人は・・・いませんよね？

A-①集合

もめそうな状況と、そんなとき、どうする？

（1）並んでいるときに、他の子とぶつかる

A　「やめろや！」とキレる。
B　「いたいやんけ！」と相手に言う
C　お互いさまなので、スルー
D　お互いさまなので、「あ、ゴメンやで」と言う

（2）話したり、ほかの事を考えてたりしていて、自分が並びおくれる

A　「遅れたし並ばんでええわ」と開き直る。
B　「説明なんて聞かんでもええわ」と思って並ばない
C　「遅いね」と言われるのが嫌なので、違う所に行く
D　「ミスった、ゴメンナサイ！」と心の中で思ってサッと並ぶ

2

資料1、2）SST　臨海（海の活動）

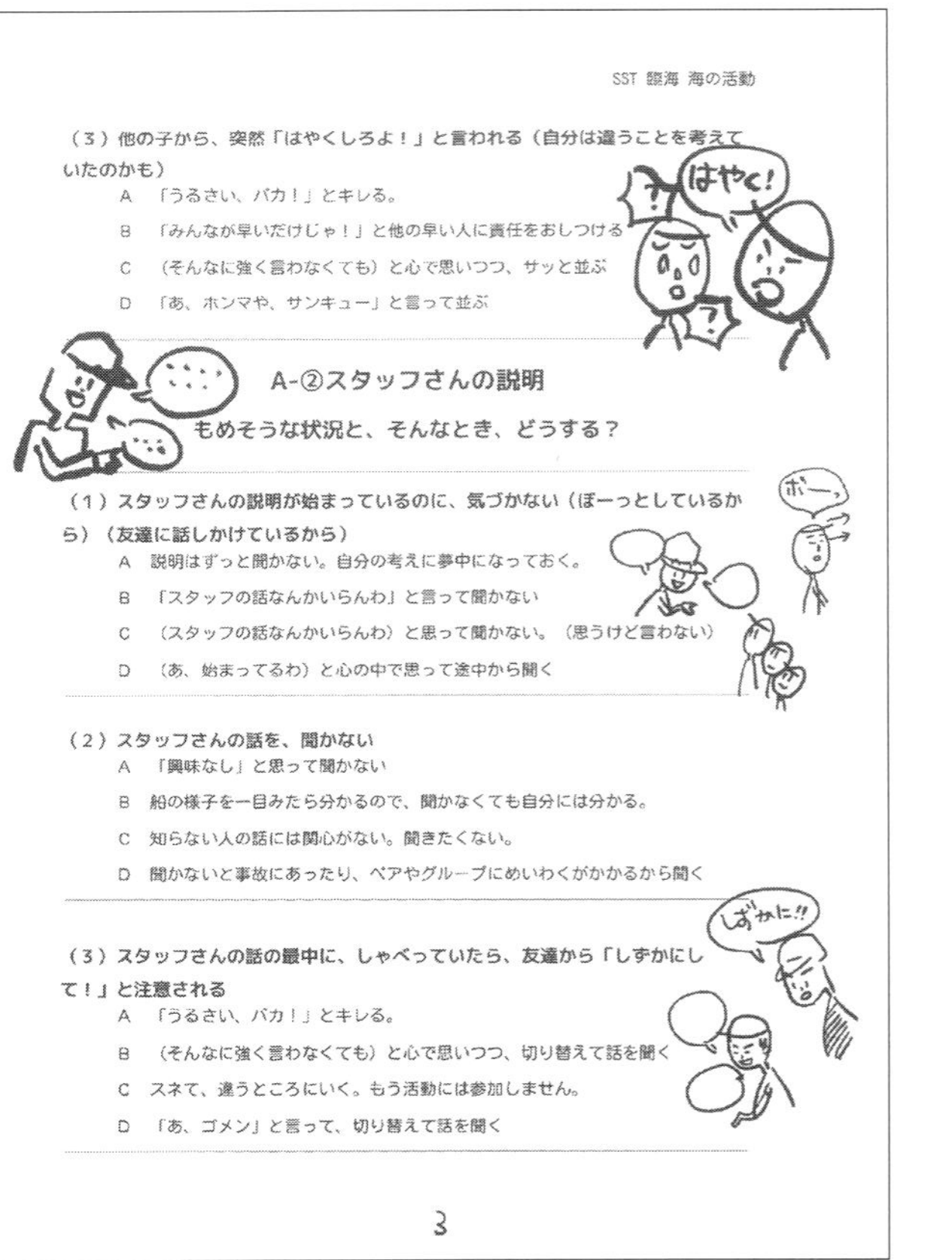

SST 臨海 海の活動

（３）他の子から、突然「はやくしろよ！」と言われる（自分は違うことを考えていたのかも）

A 「うるさい、バカ！」とキレる。

B 「みんなが早いだけじゃ！」と他の早い人に責任をおしつける

C （そんなに強く言わなくても）と心で思いつつ、サッと並ぶ

D 「あ、ホンマや、サンキュー」と言って並ぶ

A-②スタッフさんの説明

もめそうな状況と、そんなとき、どうする？

（１）スタッフさんの説明が始まっているのに、気づかない（ぼーっとしているから）（友達に話しかけているから）

A 説明はずっと聞かない。自分の考えに夢中になっておく。

B 「スタッフの話なんかいらんわ」と言って聞かない

C （スタッフの話なんかいらんわ）と思って聞かない。（思うけど言わない）

D （あ、始まってるわ）と心の中で思って途中から聞く

（２）スタッフさんの話を、聞かない

A 「興味なし」と思って聞かない

B 船の様子を一目みたら分かるので、聞かなくても自分には分かる。

C 知らない人の話には関心がない。聞きたくない。

D 聞かないと事故にあったり、ペアやグループにめいわくがかかるから聞く

（３）スタッフさんの話の最中に、しゃべっていたら、友達から「しずかにして！」と注意される

A 「うるさい、バカ！」とキレる。

B （そんなに強く言わなくても）と心で思いつつ、切り替えて話を聞く

C スネて、違うところにいく。もう活動には参加しません。

D 「あ、ゴメン」と言って、切り替えて話を聞く

3

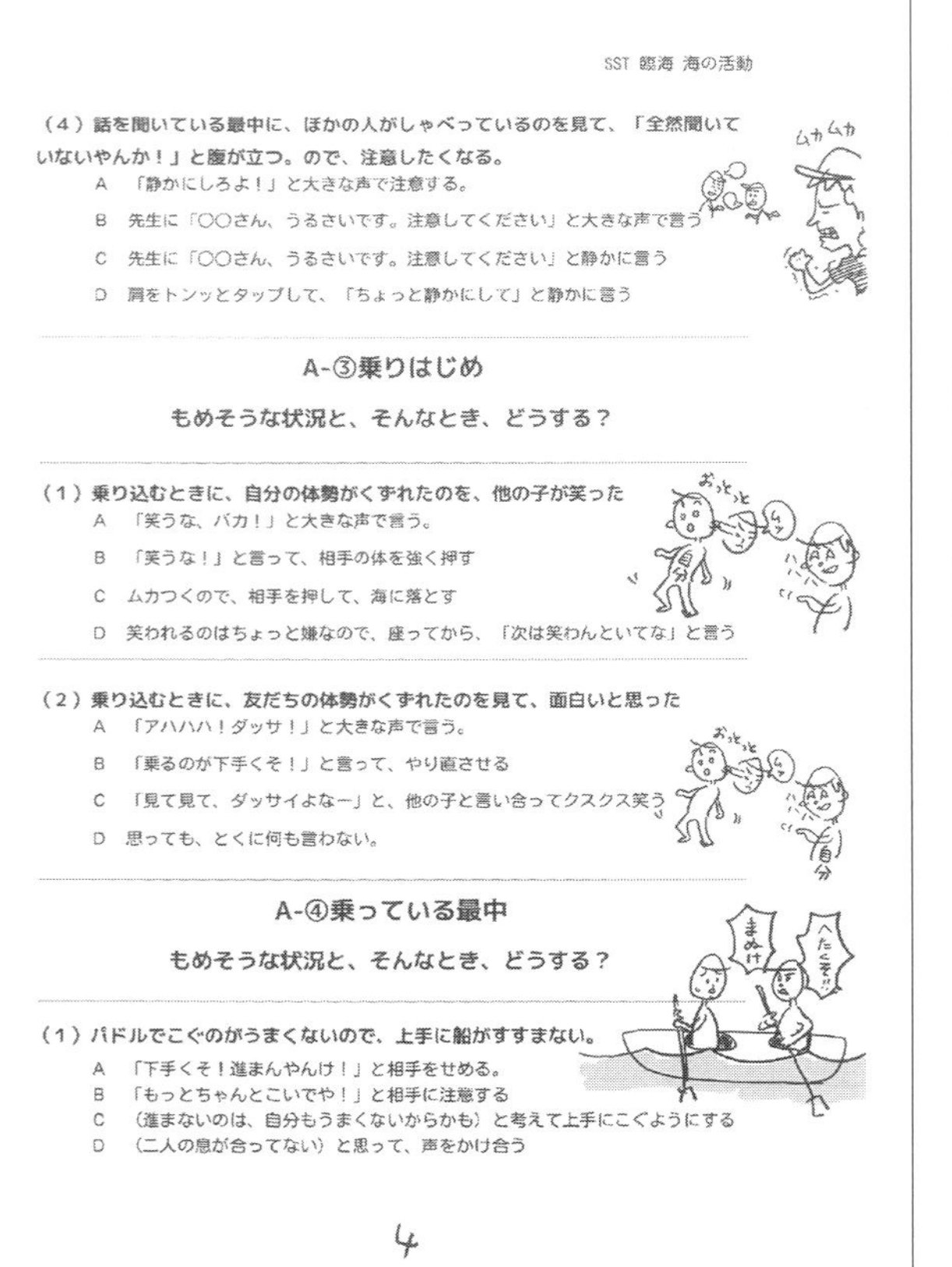

SST 臨海 海の活動

（４）話を聞いている最中に、ほかの人がしゃべっているのを見て、「全然聞いていないやんか！」と腹が立つ。ので、注意したくなる。

A 「静かにしろよ！」と大きな声で注意する。

B 先生に「〇〇さん、うるさいです。注意してください」と大きな声で言う

C 先生に「〇〇さん、うるさいです。注意してください」と静かに言う

D 肩をトンッとタップして、「ちょっと静かにして」と静かに言う

A-③乗りはじめ

もめそうな状況と、そんなとき、どうする？

（１）乗り込むときに、自分の体勢がくずれたのを、他の子が笑った

A 「笑うな、バカ！」と大きな声で言う。

B 「笑うな！」と言って、相手の体を強く押す

C ムカつくので、相手を押して、海に落とす

D 笑われるのはちょっと嫌なので、座ってから、「次は笑わんといてな」と言う

（２）乗り込むときに、友だちの体勢がくずれたのを見て、面白いと思った

A 「アハハハ！ダッサ！」と大きな声で言う。

B 「乗るのが下手くそ！」と言って、やり直させる

C 「見て見て、ダッサイよなー」と、他の子と言い合ってクスクス笑う

D 思っても、とくに何も言わない。

A-④乗っている最中

もめそうな状況と、そんなとき、どうする？

（１）パドルでこぐのがうまくないので、上手に船がすすまない。

A 「下手くそ！進まんやんけ！」と相手をせめる。

B 「もっとちゃんとこいでや！」と相手に注意する

C （進まないのは、自分もうまくないからかも）と考えて上手にこぐようにする

D （二人の息が合ってない）と思って、声をかけ合う

4

資料3、4）SST　臨海（海の活動）

SST 臨海 海の活動

（2）相手から「ちがうちがう、もっとうまくこいで！」などと言われる

A 「だまれ！お前が下手なんじゃ！」と相手に言い返す。

B 「うるさい！」と言って、パドルを相手の体に当てる

C （ちょっとムカッとするけど）（何か変かな）と考えてこぎ方を周りに合わせる

D （ありゃ？合ってないか）と思って、こぎ方を周りに合わせる

A-⑤降りるとき

もめそうな状況と、そんなとき、どうする？

（1）船がゆれた！だれかがワザとゆらしたかも！

A 「ゆらすなや！」と他の人に強く言う。

B 「みんな手伝えや！」と言って、他の全員に手伝わせる

C （船やし、当然ゆれるか）と思って、「ワザと」とは思わない。

D おもしろいので、自分もピョンピョンはねて、もっとゆらす。

A-⑥降りたあと

もめそうな状況と、そんなとき、どうする？

（1）船から降りた。あ〜、楽しかったー！！

A 「楽しかったな！」「せやな！」としゃべりまくる。

B 楽しすぎるので、もう一度船に乗り込む

C 楽しすぎるので、海に飛び込む

D 楽しい気分だけど、スッと静かになって、スタッフさんや先生の指示を聞く

5

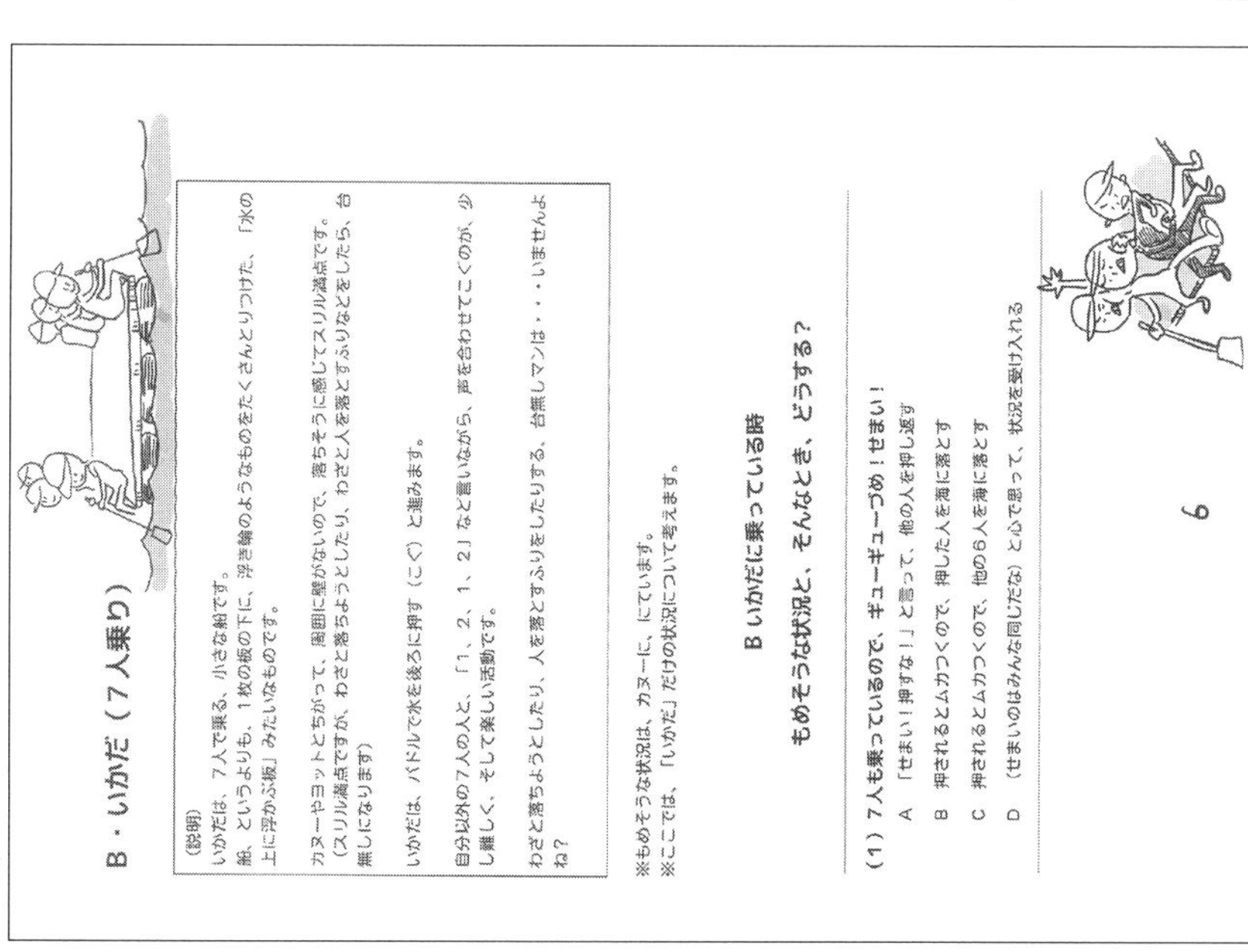

B・いかだ（7人乗り）

（説明）
いかだは、7人で乗る、小さな船です。
船、というよりも、1枚の板の下に、浮き輪のようなものをたくさんとりつけた、「水の上に浮かぶ板」みたいなものです。

カヌーやヨットとちがって、周囲に壁がないので、落ちそうに感じてスリル満点です。
（スリル満点ですが、わざと落ちようとしたり、わざと人を落とすふりなどをしたら、台無しになります）

いかだは、パドルで水を後ろに押す（こぐ）と進みます。

自分以外の7人の人と、「1、2、1、2」など言いながら、声を合わせてこぐのが、少し難しく、そして楽しい活動です。

わざと落ちようとしたり、人を落とすふりをしたりする、台無しマンは・・・いませんよね？

※もめそうな状況は、カヌーに、にています。
※ここでは、「いかだ」だけの状況について考えます。

B いかだに乗っている時

もめそうな状況と、そんなとき、どうする？

（1）7人も乗っているので、ギューギューづめ！せまい！

A 「せまい！押すな！」と言って、他の人を押し返す

B 押されるとムカつくので、押した人を海に落とす

C 押されるとムカつくので、他の6人を海に落とす

D （せまいのはみんな同じだな）と心で思って、状況を受け入れる

6

資料5、6）SST　臨海（海の活動）

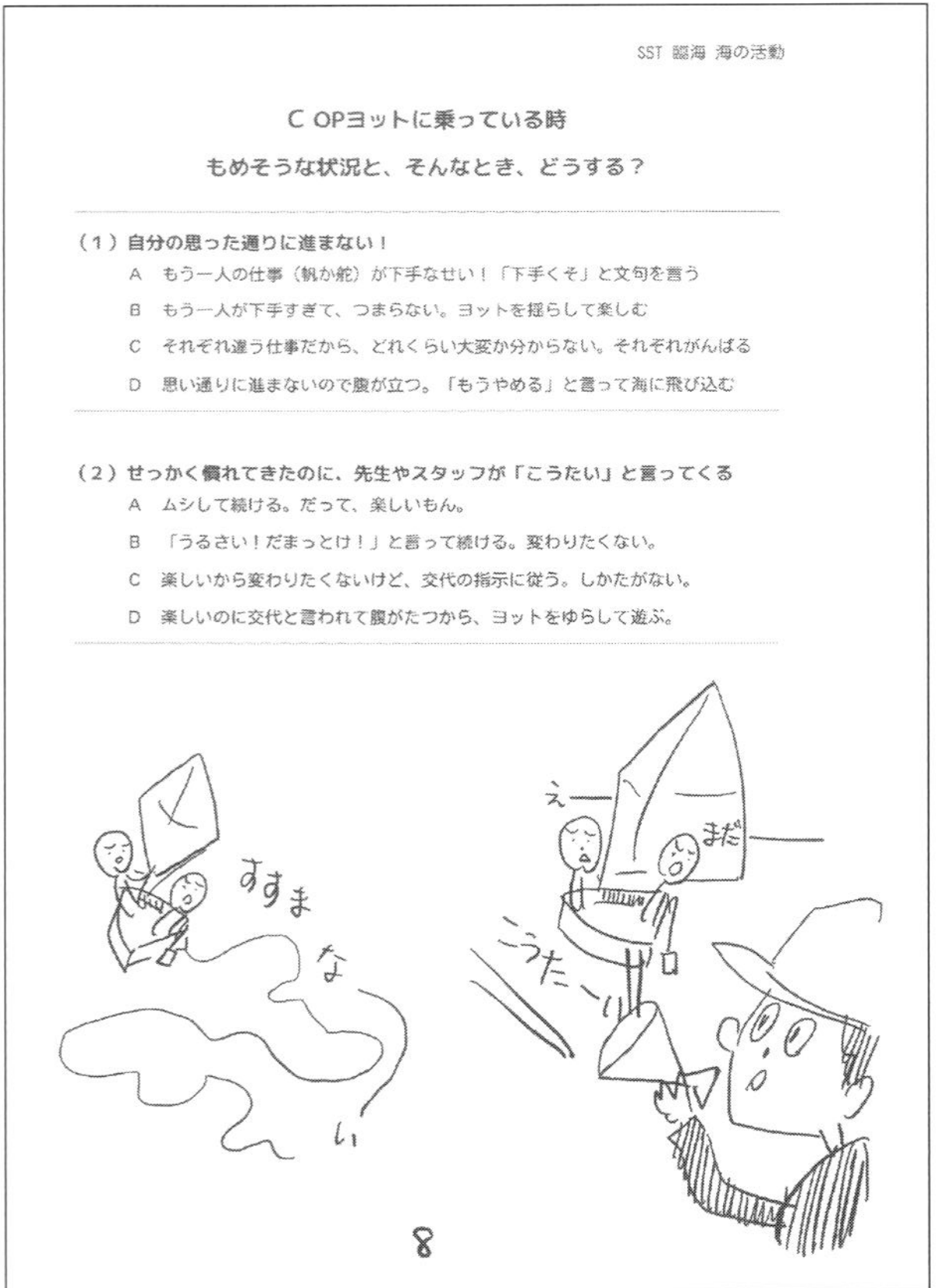

SST 臨海 海の活動

C OPヨットに乗っている時

もめそうな状況と、そんなとき、どうする？

（１）自分の思った通りに進まない！

A もう一人の仕事（帆か舵）が下手なせい！「下手くそ」と文句を言う

B もう一人が下手すぎて、つまらない。ヨットを揺らして楽しむ

C それぞれ違う仕事だから、どれくらい大変か分からない。それぞれがんばる

D 思い通りに進まないので腹が立つ。「もうやめる」と言って海に飛び込む

（２）せっかく慣れてきたのに、先生やスタッフが「こうたい」と言ってくる

A ムシして続ける。だって、楽しいもん。

B 「うるさい！だまっとけ！」と言って続ける。変わりたくない。

C 楽しいから変わりたくないけど、交代の指示に従う。しかたがない。

D 楽しいのに交代と言われて腹がたつから、ヨットをゆらして遊ぶ。

8

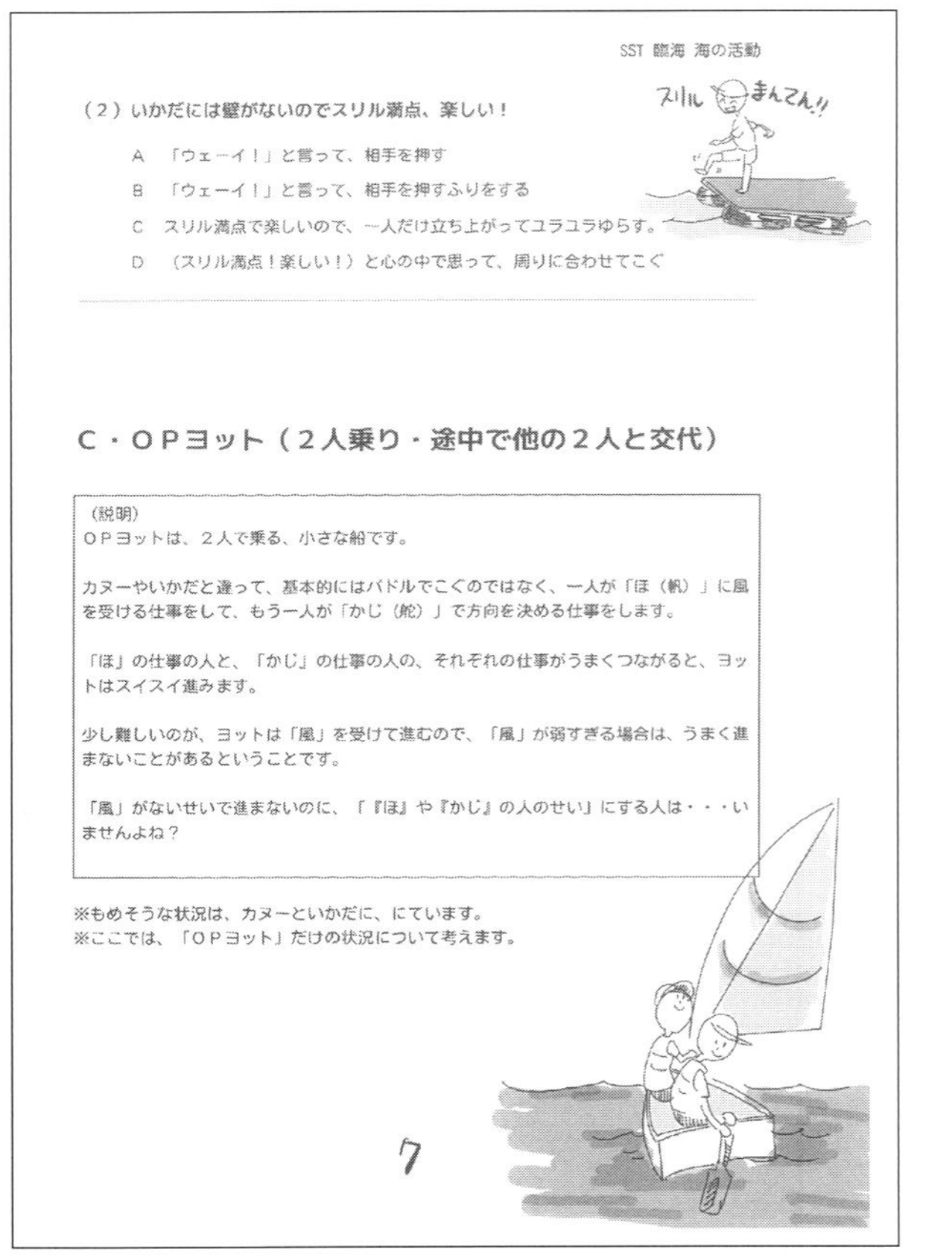

SST 臨海 海の活動

（２）いかだには壁がないのでスリル満点、楽しい！

A 「ウェーイ！」と言って、相手を押す

B 「ウェーイ！」と言って、相手を押すふりをする

C スリル満点で楽しいので、一人だけ立ち上がってユラユラゆらす。

D （スリル満点！楽しい！）と心の中で思って、周りに合わせてこぐ

C・OPヨット（２人乗り・途中で他の２人と交代）

（説明）

OPヨットは、２人で乗る、小さな船です。

カヌーやいかだと違って、基本的にはパドルでこぐのではなく、一人が「ほ（帆）」に風を受ける仕事をして、もう一人が「かじ（舵）」で方向を決める仕事をします。

「ほ」の仕事の人と、「かじ」の仕事の人の、それぞれの仕事がうまくつながると、ヨットはスイスイ進みます。

少し難しいのが、ヨットは「風」を受けて進むので、「風」が弱すぎる場合は、うまく進まないことがあるということです。

「風」がないせいで進まないのに、「『ほ』や『かじ』の人のせい」にする人は・・・いませんよね？

※もめそうな状況は、カヌーといかだに、にています。

※ここでは、「OPヨット」だけの状況について考えます。

7

資料7、8）SST　臨海（海の活動）

山田充のポイント解説

今回は、すでに通級している児童が、宿泊学習での予想されるトラブルに対応した事例になっています。通級している児童に限らず、宿泊学習でトラブルになったり、いけなくなってしまうというような事例は、あちこちで聞きます。もしそういうトラブルが発生してしまった時にどう対応するかは、もちろん大事ですが、子どもにとっても、そういうトラブルが発生せずに楽しく過ごせることが一番であることはまちがいありません。そのために、どう取り組んだらよいかをしっかり伝えてくれている事例です。

今回の子どもについては、診断はありませんが、ＡＳＤ（自閉スペクトラム症）の傾向あり、と判断されています。子どもがどのような特性をもっているかの判断は、指導に生かすために重要です。今回も、ＡＳＤ傾向の子どもたちは、見通しが必要だったり、知っていることはできるが、わからないことは、お手上げの状態になり、思いもよらない行動をとったりしがちです。そういう特性があることを踏まえて、それに沿った対応がすばらしい事例だと思います。

後日談で、保護者が、家庭でのやり取りを紹介してくださっていますが、以下にこの取り組みが本児にぴったりだったかを伺わせるエピソード満載ですね。このプリントを宿泊学習にちゃんと持っていこうとしたり、「着替えのときに、リュックに入れておいたプリントをこっそり見たそうです」というエピソードも本児にこの取り組みがぴったりだったかを示しています。子どものがんばりたい気持ちが伝わり、読んでいて思わずほほえんでしまいました。

事例27

【番外編】ボードゲームの活用

1 内容

指導に使ったり、みんなで遊んだりするために国内外のボードゲーム（アナログゲーム）をたくさん通級指導教室に揃えています。

指導に使うとは、①個別指導の教材の一つとして意図的に使う場合と、②授業の最後の「お楽しみ」の時間（5～10分程度）に児童や教師が選んで使う場合、そして③ソーシャルスキル指導を目的としたグループ指導の際に使うことを示します。

みんなで遊ぶとは、休み時間や学期の最後の来室の際（その日は1時間たっぷり遊びます）に遊ぶことを示します。

①個別指導の教材の一つとして意図的に使う

「語想起」「言葉による説明」「視覚的記憶」「視覚と言語」「注意集中・切り替え（シフティング）」「数概

念の理解」「計算」などの学習に活用しています。（なんとなくしているカテゴライズは後述）

②授業の最後の「お楽しみ」の時間（5〜10分程度）に児童や教師が選んで使う

通級の授業の最後は「お楽しみ」として、ボードゲームで遊んだり、他の遊びを選んで過ごしたりしています。この時間があるのを楽しみに通級する子がいたり、ちょっと難しく努力が必要な課題も、「これが終わったらゲーム！」と自分に言い聞かせたりして乗り越える子がいたりします。

③ソーシャルスキル指導を目的としたグループ指導の際に使う

SSTの時間の一部として、ボードゲームをすることもあります。どのゲームにするかみんなで相談したり、準備や片付けを分担したり、ゲーム中のコミュニケーションを楽しんだりするなど、ゲームをする活動を通してさまざまな力を働かせているのが観察されます。

❷ボードゲームをオススメする理由

何よりもまず、ゲーム制作のプロによって作られているので、「楽しく遊べる」というのが、ボードゲームをオススメする最も大きな理由です。

また、コミュニケーションや行動の組織化が苦手な子どもの視点から考えると、ボードゲームはルールがはっきりしているため、安心して遊べる点も優れているといえます。

勝ち負けのない「協力ゲーム」は、目的をめざして、プレイヤーが声をかけ合って力を合わせることができます。

直接目線を合わせる必要がなかったり、ゲームの駒に自己を投影することができたりするので、直接人と関わるのが苦手な子も参加しやすいようです。

なお、「語想起、注意集中などの学習に活用」と先述しましたが、「ゲームをすると必ず能力が伸びる・発達する」等とは考えていません。あくまで学習や教材の一つとして考えています。ゲームを通して自分自身の特性に気付いたり（例「おれ、こういう（意識を分散させる）系のゲーム、苦手かも……」）、それについて別の機会に解説したり、支援や配慮の方法を検討したりするきっかけにすることもあります。

3 なんとなくのカテゴライズ

なんとなく意識しているカテゴリーおよびゲームを紹介します。児童の実態や興味関心、対象年齢（理解の程度）に応じて選択しています。

■ことば系

『もじぴったん』（メガハウス）、『ワードバスケット』（メビウスゲームズ）、『ワードスナイパー』（リゴレ）、『ヒントをいいます』（Kleeblatt）、『ボブジテン』（TUKAPON：『カタカナーシ』というタイトルで同じルールのゲームが幻冬舎eduから販売されています）、『漢コレ！』（ぼどばら／サイ企画：絶版➡『ピッ漢』（DIY卓屋）という名前の似たゲームがあります）、『さまことばカードゲーム』（すごろくや）、『WOCHA（ウォッチャ）』（FoUNtain STORE）、『Time's Up! Kids』（Asmodee）、『ゲスクラブ』（Cosaic）

■視覚系

『ブロックス』（Mattel Games）、『ウボンゴ・ジュニア』（Kosmos）、『パッチワーク』（ホビージャパン）、『カートグラファー』（Arclight Games）、『セカンドチャンス』（kleeblatt）（写真1）

■視覚とことば系

『ローリーズ ストーリーキューブス』（OHS Supply）、『適当なカンケイ』（すごろくや）、『ディクシット（DiXit）』（ホビージャパン）、『コードネーム：ピクチャーズ』（ホビージャパン）

■すごろく系

『すすめコブタくん』（Drei Magier Spiele）、『冷たい料理の熱い戦い』（Ravensburger：絶版→『ウミガメの島』というタイトルのリメイク版がメビウスゲームズから出ています）、『ヒューゴ』（メビウスゲームズ）（写真2）

■数字・計算系

『ぴっぐテン』（メビウスゲームズ）、『ノイ』（おもちゃ箱イカロス）、『ニムト』（メビウスゲームズ）、『ガスアウト』（Mattel Games）、『Auf Zack!』（Drei

写真1）『ウボンゴ・ジュニア』で視知覚トレーニング

写真２）『冷たい料理の熱い戦い』（絶版：『ウミガメの島』としてリメイク）

Hasen Abendsonne）、『スカルキング』（リゴレ）、『ヘックメック』（メビウスゲームズ）、『モンスターメーカー』（Arclight Games）、『ラマ』（メビウスゲームズ）

■処理速度系、注意、実行機能系

『おばけキャッチ』（メビウスゲームズ）、『レシピ』（Hopper entertainment）、『ストループカード』（エンスカイ）、『そっとおやすみ』（すごろくや）、『ウィ・ウィル・ロック・ユー』（ホビージャパン）

■記憶系

視覚的記憶『プルンプザック』（AMIGO）、視覚、聴覚的記憶『ナンジャモンジャ』（すごろくや）

■バランス・アクション系

『スティッキー』（HABA）、『傾いてる・傾いてるよ・オイ！』（Ravensburger）、『ジェンガ』（ハズブロ）

■お話作り系

『ワンスアポンアタイム』（ホビーベース）、『のびのびTRPG』（Arclight Games）

■大喜利系

『キャット&チョコレート』（幻冬舎edu）、『たった今考えたプロポーズの言葉を君に捧ぐよ』（ClaGla）、『私

の世界の見方』（テンディズゲームズ）、『みんなで本をもちよって～Bring Your Own Book～』（ケンビル）

■コミュニケーション、演劇系

『ニックネーム』（フローリッシュゲームズ）、『はぁって言うゲーム』（幻冬舎edu）、『テレストレーション』（テンディズゲームズ）、『ありがた迷惑』（HABA）、『ジェスチャギオン』（日本卓上開発）

■推測系、心の理論（気持ちを想像する）系

『ヴァンパイアレーダー』（かぼへる）、『かたろーぐ』（すごろくや）、『じっくりミレー』（GWクリエイターズ）

■ブラフゲーム

『ごきぶりポーカー』（メビウスゲームズ）、『チャオチャオ』（メビウスゲームズ）

■協力ゲーム

『禁断の島』（Arclight Games）、『ゾンビキッズ』（すごろくや）、『ザ・クルー』（GP）

■ガチ系（ちゃんとやったら1時間くらいかかるゲーム）

『カタン』（GP）、『カルカソンヌ』（メビウスゲームズ）、『スコットランドヤード』（カワダ）、『あやつり人形』（Arclight Games）、『ドミニオン』（ホビージャパン）、『新・キング・オブ・トーキョー』（ホビージャパン）（写

真3）

■二人プレイ専用

『ローゼンケーニッヒ』（リゴレ）、『コリドール』（Gigamic）

4人プレイも可

写真3）『カタン』（写真はコスモス社版）でグループ指導

山田充のポイント解説

事例として提供していただいた中に、ボードゲームのいろいろな活用事例について書かれたものがありました。いろいろな使い方が興味深いので、「トピックス」的に紹介させてもらいました。「すごろく」なども含めて通級指導とボードゲームは、相性がいいと私も感じます。まず、複数でも一人での指導でも活用できることや、必ず、そこに会話が介在すること、やり直しができるなどの特性があります。さらにここでも紹介されていますが、手作りが可能だというところも重要です。子どもの課題や興味に合わせて工夫ができます。みなさんも、読んでみて、是非、ご自分の指導に取り入れていただけたらと思います。

おわりに

どの事例も子どもたちが、いきいきと成長する姿がえがかれていました。

今回の事例は、堺市のたくさんの先生方が提供してくださっていて、どの実践も個性にあふれ、それぞれの通級指導教室での指導の様子も思い浮かびます。

今回紹介した事例は、しっかりアセスメントし、それに基づいた実践の工夫をされています。この本を手にとってくださった方みなさんが、常に子どもたちのもつ困難の背景要因を考えるためのアセスメントに努力を向けていただけたらと思います。本書が、困っている子どもたちのためにがんばっておられる全国のみなさんのお役に立てることを願っています。

●編著者プロフィール

山田　充（やまだ みつる）

大阪府堺市の小学校で20年間通級指導教室を担当。現職の頃から現在まで堺市特別支援教育専門家チーム・年8回の通級指導研修を担当。退職後、広島県廿日市市教育委員会で特別支援教育アドバイザーに6年間就任する。

現在、大阪市教育委員会インクルーシブ教育推進室で通級指導アドバイザーに就任。

〈資格〉
特別支援教育士スーパーバイザー
認知リフレーミング士【アソシエイト】

〈主な著書〉

『意味からおぼえる漢字イラストカード１～6年』『算数文章題イメージトレーニングワークシート①②③』『子どもの達成感を大切にする通級の指導～アセスメントからつくる指導のテクニックと教材～』（かもがわ出版）『常駐型 特別支援教育アドバイザーの学校サポート 広島県廿日市市の実践』（明治図書）他、多数。

●事例執筆者一覧（五十音順）

上村典生、岡澤寛佳、杉本光枝、杉本弥生、寺西博美、平山杏、藤永泰成
藤林美江、古河京子、山口美和、吉田英人、和田武、和田夫美

[イラスト（p50）]
・stardom64/PIXTA（ピクスタ）
・ほにょじま/PIXTA（ピクスタ）
・ちぃこ/PIXTA（ピクスタ）

[写真（p 148、150）]
・masa/PIXTA（ピクスタ）
・kaka/PIXTA（ピクスタ）
・freeangel/PIXTA（ピクスタ）
・Lukas/PIXTA（ピクスタ）

通級指導教室の実践
アセスメントから指導まで
—子どものやる気を引き出す堺市の事例27！

2024年６月12日　　第１刷発行

編　著／Ⓒ山田　充

発行者／竹村正治

発行所／株式会社　かもがわ出版
〒602-8119　京都市上京区堀川通出水西入
☎075(432)2868　FAX 075(432)2869
振替　01010-5-12436
イラスト・カバーデザイン　アルファデザイン　高橋哲也
印　刷／シナノ書籍印刷株式会社

ISBN978-4-7803-1324-6 C0037　　Printed in Japan